"열정을 넘어 논리와 과학적 사고로"

골든커리어

도서
출판 행복에너지

골든커리어

초판 1쇄 발행 2022년 04월 15일

지 은 이	김현성
발 행 인	권선복
편 집	권보송
디 자 인	서보미
전 자 책	오동희
발 행 처	도서출판 행복에너지
출판등록	제315-2011-000035호
주 소	(157-010) 서울특별시 강서구 화곡로 232
전 화	010-3267-6277, 02-2698-0404
팩 스	0303-0799-1560
홈페이지	www.happybook.or.kr
이 메 일	ksbdata@daum.net

값 15,000원

ISBN 979-11-5602-457-6 (13320)

도서출판 행복에너지는 독자 여러분의 아이디어와 원고 투고를 기다립니다. 책으로 만들기를 원하
는 콘텐츠가 있으신 분은 이메일이나 홈페이지를 통해 간단한 기획서와 기획 의도, 연락처 등을 보
내주십시오. 행복에너지의 문은 언제나 활짝 열려 있습니다.

"열정을 넘어 논리와 과학적 사고로"

골든커리어

김현성 지음

Career path와
Good Employee

퍼스널 브랜드와
커리어 포트폴리오

커뮤니케이션과
논리적 사고력

일을 잘하게 해 주는
과학적 방법론

도서
출판 행복에너지

필자는 한 가지 원대한 꿈을 가지고 있다. 너무 이상적이거나 오만한 꿈이라고 판단을 받을 수도 있을 것 같다. 하지만 '나'라는 존재가 원래 그렇다…

'기술입국', 과거에 너무 많이 들어서 이제는 식상하다 못해, 오래된 창고에 방치되어 더 이상 찾지 않을 만한 단어이다. 하지만 나는 꿈꾼다. Made in Korea의 제품과 부품, 품질과 상품성, 그리고 디자인이 글로벌 기업들의 벤치마킹 대상이 되는 것을….

어린 시절, 누군가가 Made in USA, Made in Germany가 새겨진 파커 볼펜 또는 옷이나 필기도구를 소유하고 있는 것을 볼 때면, 부럽고 그 제품이 신기하게 보였던 것이, 지금도 기억이 난다. 중학교, 대학 시절에는 Made in Japan의 손목시계, 워크맨을 얼마가 가지고 싶어 했는지, '그 제품을 만드는 일본이라는 나라는 얼마나 대단할까?'라는 생각을 하곤 했다. 물론 지금은 예전과 같이 생각하지 않는다. 이제 우리나라의 차례이다. "제조강국 대한민국".

우리나라 국민의 특징 중 하나가 빠르게 행동하고 직관력이 뛰어나며 판단력이 좋다는 것이다. 이 강점을 충분히 살리고 약점으로 생각되는 논리적 사고력과 데이터 사고, 또는 과학적 사고를 강화해야 할 필요가 있다. 젊은이들과 청장년들이 저마다의 독특하고 뛰어난 Personal brand(PB)를 완성하기 위하여 부단히 커리어 패스를 구축하는 데 전념한다면 요원하고 이상적인 꿈은 아닐 것이다.

내가 이 글을 쓰고 있는 동안에도 수많은 부품과 제품이 연구되며 개발되고 있다. 그럼에도 불구하고 많은 직업인을 만나보았지만 커리어 개발과 커리어 패스에 대한 바른 이해가 부족함을 나는 많이 느끼곤 한다. 일반적으로 커리어 개발은 좋은 연봉과 빠른 승진을 위해서만 한다고 생각하는 사람들이 대다수임을 발견한다.

필자는 커리어 패스 개발의 정의를 이해하고 소통하는 것이 기본이자 높은 우선순위라고 생각한다. 지금이야 내비게이션이 잘 발달해서 길을 잃고 헤매는 일이 없지만 불과 20년 전만 해도 품질문제 해결 컨설팅을 위해서 지도를 가지고 현대자동차 협력업체를 방문했던 기억이 있다.

현재 나의 위치와 동서남북의 방향을 모른다면 지도도 별 도움이 되지 않는다. 커리어 개발의 정의와 목적 그리고 개인의 직무 정체성(Job identity)을 정확히 아는 것은 항해사가 바다에서 나침반 혹은 북극성을 보고 진북을 확인하는 것으로 비유될 수 있다.

커리어 패스 또는 커리어 개발의 정의는 개인의 직무 분야에서 역할(role)과 직위(position)로 구성된다. 대학 학과의 선택을 커리어 패스의 시작으로 말할 수 있고, 개인의 지식과 스킬이 더해질수록 더 발전된 역할과 위치로 이동할 수 있다. 어떤 경우에는 직무를 변경하여 커리어 패스를 개발할 수도 있다.

그렇다면 커리어 패스 개발의 진정한 목적은 무엇인가? 많은 사람이 여기서 혼란스러워하거나 무관심하다.

커리어 개발의 목적은 개인의 성향과 직무 정체성에 맞는 일을 찾고 전문성을 개발하여 직무 적합도 5레벨에 이르기 위한 것이다. 직무 적합도 5레벨은 '하는 일'과 '개인의 정체성'이 통합된 상태를 말한다. 우리는 가끔, 그런 사람을 만난다. "저 사람은 마치 저 일을 위해서 태어난 사람 같아! 얼마나 즐겁게 일하고 성과가 탁월한지 타인과 비교 불가한 사람이야!"

그러한 사람이 가지는 특징 중 하나가 자기 직무와 일을 즐긴다는 것이다. 동시에 탁월한 성과를 낸다는 것이다. 공자께서 하셨던 말씀 "지지자 불여 호지자, 호지자 불여 낙지자"를 커리어 개발에 연결할 수 있다. (지식이 있는 사람은 좋아하는 사람과 같지 않고 좋아하는 사람은 즐기는 사람과 같지 못하다) 이런 사람을 일컬어서 '직무 적합도 5레벨' 혹은 'PB(Personal Brand)를 완성한 전문가'로 부를 수 있다. 커리어 개발의 목적은 그와 같다. 스스로 질문해 보길 바란다.

질문 1: 나는 내 일을 즐기고 있는가?

오해하지 말아야 할 부분이 있다. 모든 일에는 관계의 스트레스가 존재한다. 직장, 비즈니스에서 인간관계로 힘든 것은 당연하다. 업무 자체와 구분해서 생각해야 한다. 나는 내 일을 즐기고 있는가?

질문 2: 나의 업무 성과는 탁월한가?

이 질문은 동일 직무를 7년 이상 수행한 사람에게 적합하다. 7년 미만 된 직장인들에게는 다음과 같이 질문할 수 있다.

나의 업무 성과는 동료와 비교했을 때 좋은가, 업무 결과로 조직에서 인정받고 있는가?

일을 잘하기 위해서는 1. 직무 본질에 충실하며 (기초 질서 포함), 2. 소통을 잘해야 하며, 3. 효율성을 높일 수 있는 방법론을 능숙하게 다룰 수 있어야 한다. 소통을 잘하기 위해서는 논리적 사고(logical thinking)가 필수 사항이다.

한국인 직장인들에게는 논리적 사고의 부족이 가장 아쉬운 부분 중에 하나다. 엔지니어들은 대학 입시를 위해 암기와 문제를 푸는 것에만 집중했고, 회사 입사를 위해 스펙을 쌓느라 바빴다. 현대자동차에서 GM으로 옮겨간 후에 확연하게 느낄 수 있었다. 외국인 리더 및 동료들과 이메일과 대면 대화를 하는 경우가 자주 있었는데 그들이 논리적 사고력을 바탕으로 소통과 업무 진행 및 회의하는 방식이 우리나라의 리더 및 엔지니어들과 비교되곤 했다.

북미와 유럽은 학교 과제로 에세이를 작성하고 토론하는 수업 방식을 초등학교부터 대학 시절까지 꾸준히 반복, 유지하기에 자연스럽게 논리적 사고를 바탕으로 커뮤니케이션을 잘하게 된다. 핀란드식 교육체계, 이스라엘의 교육시스템 등을 자주 들어서 어느 정도 알고 있지 않은가?

그럼 우리나라 직업인들은 논리적 사고력을 증대하는 것이 불가능한가? 어떻게 해야 하는가? 논리적 사고력을 키울 수 있고 점검할 수 있는 방법론, 도구를 활용하면 된다. 예를 들어, Critical Thinking과 TOC Logical Thinking process 등이다. 필자가 이 부분을 커리어 패스와 관련된 주제의 책에 포함한 이유다.

한편 3번 항목에서 말하는 효율성을 높일 수 있는 기본 방법론을 익혀서 제대로 활용한다면 본인의 업무에 따라 두 배에서 백배의 효율을 거둘 수 있다. 업무를 위해 특정한 방법론의 효과를 경험해 본 사람들은 툴(방법론)의 중요성을 이해할 수 있다. 관련된 기본적인 방법론들의 개요를 이 책에서 소개하려고 한다. 더 나아가서 필자는 2번, 3번 항목의 논리적 사고 및 일반 방법론들이 고등학교와 대학에서 학과 과정으로 포함되는 것을 꿈꿔 본다.

여기에 더해 1번 항목, 직무에서 '본질이란 무엇인가?'에서는 직장에서 좋은 관계를 위해서 지켜야 할 기초질서와 매너 등을 살펴보려고 한다.

필자의 꿈과 우리의 숨겨진 기대가 백일몽으로 그치지 않고 이 책을 읽는 모든 직업인과 리더들과 경영자에 의해서 십수 년 이내, 이를테면 2035년까지 기술과 품질과 판매량 기준으로 Global No. 1으로 꼽히는 제품의 종류에 있어서 'Made in Korea' 상품이 현재의 제조 강국인 일본과 독일을 추월하기를 기대한다.

한국인들의 특성: 강점과 약점(보완이 필요한 특성)

우리나라가 가지고 있는 많은 장점들이 있다. 평균 IQ 105, EQ 즉 뛰어난 공감력, 1%가 채 되지 않는 문맹률, 과학적인 언어 한글, IMF를 빠르게 극복한 예로 알 수 있듯이 위기에 강한 민족, 열심히 일하는 민족, 최고속 통신망이 시골 마을까지 들어가 있는 나라, 해저와 지하터널 같은 토목공사 실력 등… 많은 강점이 있다.

여기서는 대표적인 몇 가지 강점과 약점에 대해서 이야기하려고 한다.

한국인들은 직관력이 좋고, 빠른 행동주의자들(강한 실행력)로 정평이 나있다. 현대차에 근무할 때, 선진회사의 신기술을 벤치마킹하여 더 나은 제품을 만드는 데 매우 빠르게 적용하는 것을 여러 차례 경험했다.

직관력(直觀, intuition)의 사전적 정의는 감성적 지각처럼 추리, 연상 등의 사유 과정을 거치지 않고, 즉 어떻게 지식이 취득되는가를 이해하지 않고 대상의 본질을 직접적으로 파악하는 것을 말한다. 학습하는 과정을 거치지 않고 지식을 습득하는 능력을 의미한다. (출처: 위키백과)

내가 경험한 바로는 우리나라 엔지니어의 업무 속도 측면에서는 북미나 유럽과 비교하여 약 삼분의 일 정도의 시간이 소요된다. 매우 빠르다.

도요타 엔지니어 출신이자 북미 GM의 임원으로 재직했던 요시무라 박사가 한국의 자동차 OEM의 연구개발 프로세스를 진단하고 나서 했던 말이다. "Too fast!" 우려가 될 정도로 업무속도가 빠르다는 의미, 즉 왜 review 또는 검증 절차를 제대로 하지 않는가 라는 의미가 내포된 말이었다.

나는 여러 나라를 방문하기도 하고, 외국 엔지니어들을 한국에 초청하여 그들과 일할 기회가 있었다. 그들에게 품질 방법론을 교육하고 이슈해결을 위한 프로젝트를 진행하곤 했다. 한국 엔지니어만큼 스마트한 사람들을 본 적이 없다. 앞서 이야기했던 빠른 직관력으로 엔지니어링 시스템과 업무 프로세스의 본질을 잘 파악하는 편이다. 문제는 중요한 메커니즘(Mechanism) 또는 검증요건을 놓치는 에러가 있어서 문제 해결 과정에서 실패를 경험하곤 했다.

어느 책과 블로그에서 본 적이 있다. 한국인의 평균 IQ는 105

로 전 세계 5위 이내라고 한다. 제조 강국을 이루기 위해서는 아주 중요한 요소이고 좋은 일이 아닐 수 없다.

그런데 지능과 높게 관련되어 있는 노벨 물리학, 화학, 경제학, 생리의학상 등의 수상자가 왜 아직 나오지 않았을까? 이런 질문이 자연스럽게 떠오른다. 바라기는 머지않아 노벨 수상자가 나오기를 기대한다.

우리 나라 주변에 있는 일본과 중국, 러시아 민족과 다르게 우리 민족은 공평과 정의를 매우 중요시하는 특성을 보유하고 있다. 얼마나 중요한 요소인지…. 이런 천부적인 요소는 감사해야 할 이유이다.

80년대 이후 여러 번, 5년을 맡긴 정권이 제대로 국민을 위한 정치를 하지 못하면 높은 투표참여로 경고를 주는, 정치 참여와, 주권행사에 관심이 많은 민족 특성을 가지고 있다.

공평과 정의는 우리 모두에게 매우 중요하다. 각 분야 지도급 인사들의 부정과 부패 소식을 더 이상 듣고 싶지 않다. 그것이 제약(Constraints)이 되고 있다. 우리 민족이 온전한 선진국으로 나아가야 할 길의 가장 큰 장애요소, 제약요소가 되고 있다는 생각을 떨쳐버리기가 힘들다.

지연, 학연, 정관예우 등… 이 의미는 진짜 실력 있는 사람들의 설 자리가 없어지고 그들의 기여로 여러 분야에서 우리 사회가 더 발전할 수 있는 기회가 사라진다는 의미라는 것을 모르는 걸까.

안타까운 일이다.

각 분야에 실력 있고 정의로운 동시에 팀워크의 중요성을 알고 있는 리더십이 세워지기를 바란다.

일반적인 경향을 보면 한국 엔지니어들은 프로젝트를 빠르게 마무리하기 위해서 숙제하듯이 처리하려는 것과 동시에 논리적, 추론하는 사고가 상대적으로 빈약함을 느끼곤 한다. 그러다 보니 이슈해결을 위해 구성된 TFT 활동을 어색해하고 어려워하는 것을 보게 된다.

논리적 사고 능력은 직관에 대비되는 특징이라고 말할 수 있지만 다르게 표현한다면 보완이 필요한 요소로서 우리 민족의 강점인 직관과 함께 논리적 사고능력이 상당한 시너지 효과를 낼 수 있다고 생각한다.

한국 GM에서 일하고 있을 때, 한국 연구소의 엔지니어들과 리더들은 영어도 못하고 일도 못한다는 지적을 자주 받았다. 주로 북미 GM 리더와 엔지니어들의 평가였다. 이에 따른 일종의 패배의식과 열등감, 그런 분위기가 내 마음을 많이 불편하게 했었다. 나는 2010년 하반기부터 한국 GM에서 근무를 했다.

시간이 조금 흘러서 2015년 이후에는 정반대의 평가, 일을 효율적으로 잘하고 잘 준비되어 있는 한국 GM 연구소와 엔지니어들로 인정을 받았다. 한국 엔지니어들의 빠른 직관과 집중력과 실행력이라는 특징에다가, GM의 논리적 요소, 다양한 업무 프로세스와 지식체계에 한국 리더와 엔지니어들이 적응했기 때문이다. 이후에는 GM의 여러 나라 연구소보다 훨씬 효율적으로 좋은 결과를 내는 것을 보게 되었다. 이는 내 혼자만의 생각이 아니라 GM의 글로벌 리더십이 종종 했던 이야기이다.

이와 같은 경험으로 인해 나는 논리적 사고와 프로세스에 대한 중요성을 인식하고 지금도 이 방법론을 여러 고객사와 대학에서 교육하고 문제해결을 위해서 프로젝트 초기 단계에 활용하고 있다.

한국인들은 자신이 알고 있는, 관련된 사람들의 아픔과 고통에 공감하는 능력이 매우 좋다. 약자와 고통 받고 있는 사람들을 돕기 위해서 할 수 있는 것은 기꺼이 하는 경향이 있다. 이 특징은 사실 인류 보편적인 것 같다.

그런데 잘한 일을 칭찬하고 그들을 영웅과 리더로 인정하는 데는 인색하지 않나 생각한다. 아마도 도움을 받아 성공한 사람들이 도움을 줬던 사람들을 잘 챙기지 못했던 것 같다. 자신이 소유하고 있는 독특한 강점을 잘 모르고 있거나 그 중요함을 과소평가하는 것도 또 하나의 이유라고 생각한다. 이런 특성이 팀워크의 약화를 초래한다.

다른 사람의 강점과 좋은 성과를 자신과 비교하고 비하하는 것보다 축하하고 칭찬할 때 기쁨을 함께 누릴 수 있고 좋은 팀워크를 형성할 수 있다. 함께 모여서 토론하고 계획하며 일의 진행 과정과 결과를 리뷰하는 것은 조직의 업무 성과를 좌지우지하는 중요한 요소이다. 팀워크와 팀활동은 아무리 강조해도 지나치지 않다.

시중에 판매되고 있는 명품은 제품의 가치가 매우 높고 동시에 디테일도 탁월하다. 이와 마찬가지로 좋은 업무 결과를 얻기 위해서는 목적과 목표 수립과 함께, 이를 달성하기 위한 세부행동 계획을 세우는 데 있어, 치밀하고 탄탄한 논리 구조를 갖춘 후에 꾸준히 행동하는 인내가 필요하다.

우리는 목표를 수립하고 도전을 했으나, 더 상위인 목적지향적 사고(Purpose-oriented Thinking)를 제대로 하지 못하는 것을 경험한다. 목적사고와 관련된 교육과 훈련을 받지 못했기 때문에 어찌보면 당연한 일이다.

『The Extraordinary Leader (저자: Zenger & Folkman)』라는 책 내용 중 가장 기억에 남는 문구가 있다.

"비범한 리더가 되기 위해서는 자신의 강점을 더 강하게 발전시켜야 하고, 치명적인 약점은 보완해야 한다."

우리 나라가 글로벌 No. 1 제조 강국이 되기 위해서는 우리 민족의 강점인 빠른 직관과 강한 실행력을 더 발전시켜야 하고 약점인 논리적 사고력과 팀워크는 보완해야 한다.

어떻게 보면 딱딱한 주제와 내용이지만 나는 우리 나라의 엔지니어들과 리더들에게 통찰력을 줄 수 있다는 확신을 가지고 이 책의 각 장을 기록했다.

골든 커리어의 정의

직무 적합도 5레벨, 퍼스널 브랜드가 완성된 상태를 말한다. 모든 Task에서 리더십이 자연스럽게 드러난다.

1. 일을 즐기며, 잘하고, 능력 있다는 평가를 받는다.**(업무 능력)**
2. 업무를 주도적, 자율적으로 진행하며 조직 성과에 기여한다.**(업무 성과)**
3. 논리적으로 잘 소통하고 , 보고(report)/연결(connect)한다.**(소통과 협력)**
4. 커리어 패스의 개발을 위해 꾸준히 도전하고 학습한다.**(도전과 학습)**

골든 커리어, 퍼스널 브랜드, 커리어패스, 커리어 포트폴리오의 관계

골든 커리어/퍼스널 브랜드를 완성하기 위해, 커리어패스를 계획/실행/업데이트하고 커리어패스의 단계별 주요 내용을 커리어 포트폴리오에 추가/업데이트한다.

골든 커리어 Checklist

평가 척도: ●(탁월), ○(보통), △(미흡)

구분	평가 항목	주관 평가	다면 평가(360°)		
		자신(Self)	동료/후임	상사/선임	타 조직 (타 팀,협력사,고객사)
업무태도	조직의 규칙과 기초질서를 지킨다				
업무태도	소통을 잘하고 팀워크에 기여한다				
업무태도	책임감이 높고 자율적 이다(업무 주도)				
업무태도	팀원과 타 조직을 배려한다				
업무태도	지식과 정보를 적극적으로 공유한다				
업무태도	어려운 이슈에 도전하고 학습한다				
업무소양 (역량)	업무의 목적과 의미 (중요성)를 이해한다				
업무소양 (역량)	전문성이 탁월하다 (업무 경쟁력)				
업무소양 (역량)	논리력과 과학적 사고 능력이 뛰어나다				
업무소양 (역량)	업무 효율성을 위한 방법론을 잘 사용한다				
업무소양 (역량)	회사/조직의 KPI와 본인의 미션을 연결한다				
업무성과	좋은 결과를 적시에 완성한다(최종 결과1)				
업무성과	일을 즐긴다 (최종 결과2)				

1부

커리어 패스와
Personal Brand

2부
커뮤니케이션과
논리적 사고력의 개발

3부
업무를 잘하는 기본 방법론
Fundamental Methodology

Golden
Career

커리어 패스와
Personal
Brand

1장

커리어 패스와
로드맵

1. 커리어와 커리어 패스의 정의 및 기본 절차

대학특강을 진행하면서 청년들의 취업에 대한 고민과 관심, 스펙을 올리기 위한 노력을 자주 보고 듣게 된다. 필자는 GM(General motors)에서 7년 넘게 근무하며, Career Discussion Planning Tool(CDPT)를 해마다 작성하고 업데이트를 하면서 Career path 라는 주제에 관심을 가지게 되었다. 필자의 두 아들 역시 20대 후반, 직장인이어서 그들의 고민을 들으며 어떻게 청년들과 직장인들의 커리어 개발을 도울 수 있을까 고민하면서 글을 쓰고 있다.

커리어와 관련된 몇 가지 용어의 의미를 살펴보자.

'커리어'의 사전적인 의미는 개인이 자신의 삶에서 오랜 기간 동안 가지고 있는 직업 또는 일이다. 'Career path'란 단순하게 정의하면 직업군 내에서, 또는 직업군을 벗어나 발생하는 개인의 직무 발전 및 직무 이동 과정 또는 경로이다. 직업군(Career cluster)은 유사한 직무 스킬을 활용하는 직업의 그룹이다. 커리어 패스는 일반적으로 사람들이 하나의 직업에서 직업군 내에 있는 다른 직업으로 이동할 수 있도록 돕는 활동이며, 커리어 패스의 진보를 위해서는 필요한 교육, 훈련과 경험을 탐색하고 실행할 필요가 있다.

커리어패스를 효과적으로 계획하고 실행하기 위해서는 PDCA 싸이클을 이용하는 것이 바람직하다. PDCA는 가장 보편적인 로드맵(Roadmap)이다. 어느 이슈이든 적용이 가능하다는 의미다. P 단계는 계획(Plan), D 단계는 준비와 실행(Do), C 단계는 결과 리뷰 즉 계획대비 결과의 Gap 검토(Check), A 단계는 PDC 과정에서 얻었던 교훈을 정리한 후 다시 처음으로 돌아가 PDCA 싸이클을 시행하는 것(Act), 이것이 PDCA 싸이클이다. Plan과 Do 단계를 P_1D_1, P_2D_2, P_3D_3로 또는 PDCA 전체를 $P_1D_1C_1A_1$, $P_2D_2C_2A_2$, $P_3D_3C_3A_3$로 세분화하는 것이 좋다. 커리어 패스는 장기간 진행해야 할 뿐만 아니라 앞부분의 실행 결과에 따라 이어지는 계획을 수정할 필요가 있기 때문이다. PDCA는 '1장 4. 커리어 로드맵'에서 상세하게 설명된다.

일반적인 커리어 패스는 취업 후부터 시작되는 것을 의미하지

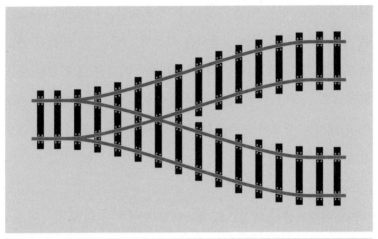

만, 보다 광범위하게 취업 전 대학의 학과 선택부터 포함하는 것이 바람직하며, 취업 준비-취업-직무수행-사내 직무/직책이동-(전직)-개인 브랜드화(PB, 독보적인 전문가 혹은 기업 운영) 단계를 포함한다.

커리어패스는 옆에 있는 '철로와 사다리' 그림처럼 선택과 이동 혹은 직위, 직책과 전문성의 향상으로 요약할 수도 있다.

취업 준비 중에 있는 청년들의 거의 공통적인 취업 목표는 규모(안정성)와 좋은 급여 및 복지가 있는 회사에 취업하는 것이다. 그리고 이후 행복하고 의미 있는 평생직장을 꿈꾼다. 어떻게 보면 당연하다고 볼 수 있다. 그런데 이러한 꿈은 자신의 업무 취향과 핵심가치 그리고 즐겨 사용할 수 있는 스킬을 충분한 경험지식으로 알지 못하고 시작한 직장생활로는 도달하기 어려운 꿈이 되곤 한다.

나는 청년들에게 가급적 다양한 직무를 경험하고 35세 이전에 최종 직업과 개략적인 커리어 패스를 개발하라고 조언하고 있다. 이것에 성공하면 비로소 커리어 패스 개발의 시작에 성공했다고 말할 수 있다. 이제 20대 후반과 30대 중반의 청년들은 추측하건대 정년이 70세가 될 것이다. 자기 적성에 맞는, 즐겁게 일할 수 있는 직무를 찾고 직무 능력을 꾸준히 개발하는 것은 커리어 패스에 있어서 무엇보다 중요하다. 그렇기에 커리어 패스뿐만 아니라 보다 근본적인 이슈라고 말할 수 있는 일하는 태도, 그리고 일을 잘하는 방법에 대해서 글을 쓰려고 한다.

> 즐겁게 일할 수 있는 직무를 찾고 꾸준히 직무관련 지식과 일하는 태도을 개발하는 것은 **커리어 패스에 있어서, 무엇보다 중요하다.**

커리어 패스와 이직/전직을 동일하게 여겨서는 안 된다. 커리어 패스 안에서 자신의 경력을 발전시키기 위해서 이직/전직을 필요로 하는 경우도 있지만, 그 밖의 다양한 과정과 경로와 방법이 있다.

우선 취업한 회사에서 직무의 다양성과 전문성의 심화를 위해서 시도하는 것이 일반적이지만 회사 안에서 더 발전할 수 있는 기회가 없다면 이직/전직을 선택하는 것이 바람직하다.

얼마 전 어떤 청년이 퇴사를 고민하고 있었다. 이유를 물었더니, 직장 동료들이 하나둘씩 퇴사를 하고 소수의 사람이 업무를 맡아 진행을 하다 보니 야근이 많아져서 힘들기 때문이라고 했다. 성실한 청년이어서 조심스럽게 "근본적인 퇴사의 이유를 더 고민하는 것이 좋겠다."라고 조언을 했다. 그를 돕기 위해서 관심을 갖고 지켜보며 한 달 정도 지나서 다시 물었다. 그 회사에서 직무의 전문성이 발전하고 있느냐, 업무를 배우고 있냐고 물었더니, 답변이 의외였다. 곧 만 3년이 되었는데 배우거나 발전한 것이 거의

없고 단지 업무 속도만 늘었다고 했다. 더는 퇴사를 만류하고 싶지가 않았다. 그의 말이 사실이라면, 회사에 남아있을 이유가 없다고 생각했기 때문이다.

커리어 패스의 핵심은 자기 개발, 전문성의 성장이다. 직업의 만족도를 높이는 이유는 크게 세 가지가 있다.

첫째는 직업의 의미, 목적 즉 일을 하면서 만족 또는 보람을 느끼는 것이다.

둘째는 전문성이 반기별, 연도별로 발전, 근속에 비례하여 성장하는 것이다. 전문성의 성장은 자기 확신 또는 효능감을 높이는 요인이기도하다. 마지막은 자율성의 향상인데, 그 청년과의 대화에서 첫 번째와 두 번째의 이유를 발견할 수가 없었다. 현재 퇴사율이 높기 때문에 시간이 지나면 직위가 올라가고 직책을 맡게 되어 자율성은 높아질 수 있겠지만, 선행해야 하는 두 기준을 만족할 수 없다면 이직하는 것이 바람직하다고 생각한다. 문제는 그 청년이 커리어 패스에 대해서 고민을 하고 있지 않다는 것이다. 그저 기회를 봐서 회사를 떠나려는 생각을 하고 있는 것이 안타까워 조언을 해주었다.

커리어 패스의 기본은 회사 내에서 좋은 관계(동료와 선배, 상사)와 책임감을 가지고 일을 잘하는 것이다.

커리어 패스의 기본은 회사 내에서 좋은 관계(동료와 선배, 상사)를 유지하고 책임감을 가지고 일을 잘하는 것이다.

2. 커리어 패스 로드맵

커리어 패스를 위한 계획 수립과 실천을 위한 로드맵에 대해서 알아보자.

커리어 패스란, 개인의 직무 분야에서 역할(role)과 직위(position)로 구성된다. 앞에서 살펴본 것처럼 대학의 학과를 커리어 패스의 시작으로 정의할 수 있다. 개인의 지식과 스킬이 더해질수록 더 발전된 역할과 위치로 이동할 수 있다. 어떤 사람은 수평으로 이동하여 직위는 동일하지만, 다른 직무로 변경하여 전문성(expertise)을 개발할 수 있는데, 이를 전직이라고 표현한다. 몇 가지 커리어 패스 사례를 살펴보면 다음과 같다.

교육부문	교사 – 교육행정전문가(과정 설계 및 관리자) – 교감 – 교장
레스토랑	식기 세척 담당 – 식자재 전처리 담당 – 일반 요리사 - 부주방장 – 주방장- 총책임자
설계부문	설계 엔지니어 - 선임/책임 설계 엔지니어 - 설계팀장 - 설계부문 중역. 연구소장 설계엔지니어 - (전직)품질엔지니어 - 품질문제전문가 - 품질 컨설턴트

제품개발 평가부문	평가/시험 엔지니어 - 책임엔지니어 - 평가/시험팀장 - 평가부 문 임원 - 연구소장 평가/시험 엔지니어 - 책임엔지니어 - PM(Project management) - 개발부문 임원
편집부문	인턴 – 편집 보조 – 부편집인 – 편집인 – 선임 편집인 – 편집장 – 편집주간
인사부문	HR 엔지니어 –특정 부문 HR 전문가(예, 연구소 HR BP) – HR 팀장 – HR 중역
마케팅	홍보담당 – 홍보부문 팀장 – 홍보부문임원 – 커뮤니케이션담 당 중역

3. 커리어 패스를 위한 고려사항 및 계획(Plan)과 시행(Do)

1) 커리어 목표와 개요를 수립한다.(Plan)

2) 5년, 10년 장기 계획을 수립한다.(Plan)

3) 개인 성격 유형을 확인한다.(Do, 진단)

4) 과거 경험을 리뷰한다.(Do, 검토/정리)

5) 교육, 학위 요구사항을 검토한다.(Do, 검토)

6) 현재 개인 스킬과 지식을 평가한다.(Do, 진단)

7) 개인의 관심사항에 집중한다.(Do, 진단)

8) 개인의 핵심가치를 확인한다.(Do, 진단)

9) 개인의 급여(복지)의 필요 정도를 고려한다.(Do, 검토)

위에 있는 고려사항에 대해서 조금 더 상세하게 살펴보자.

① 커리어 목표와 개요 수립(Plan)

커리어 목표와 개요를 수립하는 것에 관련된 질문은 다음과 같다.

- 나는 나의 직업을 통해서 무엇을 원하는가?

- 나의 핵심가치는 무엇인가?

- 나는 어떤 활동과 역할을 가장 즐겨하는가?(선호 역할)

- 나의 관심사항은 무엇인가?

- 나의 강점과 적성은? 보유하고 있는 소프트 스킬? 하드 스킬은?

이 질문에 답을 함으로써 미래를 위한 커리어 패스를 더 잘 계획할 수 있다. 자신에 대한 이해를 증진한 후에 커리어 목표를 재검토하여 수정하는 것이 중요하다. 커리어는 개인의 성향과 관심사항과 잘 조화를 이룰 때 직무/업무 만족도가 높고 전문성의 발전 속도가 빠르기 때문이다.

> 자신에 대한 이해를 증진한 후에
> 커리어 목표를 재검토하여 수정하는 것이 중요하다.

② 5년, 10년 장기 계획을 수립한다(Plan)

커리어 선택지를 좁혔다면, 커리어를 위한 마일스톤을 수립하는 것을 고려한다. 문제는 우리나라의 취업준비생들은 본인의 적성과 관심사항에 대해서 막연한 정도의 지식만을 가지고 있는 경우가 대부분이다. 취업 후 2년 정도의 직무 경험을 하고 나서 중장기 계획을 수립하는 것이 낫다. 자신과 같은 직무 분야에 있는 사람들이 5년 또는 10년 후에 어떤 역할과 지위에 있는지 살펴보고 특정 시점에 개인이 원하는 직책과 역할을 확인한다(define) 필요한 교육과 훈련 프로그램에 등록하고 선행 직위와 경험을 계획한다.

커리어 목표를 수립함으로써, 개인은 예상하는 진척도를 기초로 매년 계획을 세우고 업데이트 할 수 있다. 커리어 목표를 리뷰하고 업데이트하는 시간을 규칙적으로 갖는 것이 필요하다. 예를 들어, 일 년에 한두 번 정도를 추천한다.

③ 개인 성격 유형을 확인한다(Do, 진단)

MBTI, TCI 등의 성격 유형 진단 키트를 활용하여 개인의 성향을 확인한다. 개인의 성격 유형에 맞는 선호 직업 후보들과, 역할을 확인할 수 있다.

④ 과거 경험을 리뷰한다(Do, 검토/정리)

개인의 과거 직업에서의 만족도는 새로운 직무를 선택하는 데 도움이 된다. 기술(skills), 경험에 집중해서 경향성을 파악할 수 있다. 만족스럽게 여겼던 직위와 역할 등을 분석한다.

⑤ 교육, 학위 요구사항을 검토한다(Do, 검토)

자신이 관심을 가지고 있는 직무, 직업에서 요구하는 교육 요구사항 및 자격증 등을 검토한다.

⑥ 현재 개인 스킬과 지식을 평가한다(Do, 진단)

현재 개인이 보유하고 있는 스킬, 자격증과 경험과 전문성과 관련된 목록을 만든다. 동료들에게 본인의 테크니컬 스킬, 대인 관계 능력과 인력관리 스킬에 대해서 문의하고 피드백을 받는다.

⑦ 개인 관심 사항에 집중한다(Do, 진단)

개인의 취미와 자원 봉사내역과 개인이 즐기는 활동을 확인한다. 이에 대한 평가의 결과가 개인의 커리어 패스를 확인하는 데(영역을 좁히는 데) 도움이 될 수 있다. 이를 통해서 새로운 커리어 선택지를 탐색할 수 있다.

⑧ 개인의 핵심가치를 확인한다(Do, 진단)

개인의 핵심가치를 확인하는 것은 회사나 그곳에 소속되어 있는 직원들에게 중요한 자질과 관련된 가치(value) 리스트를 식별하는 단계이다. 자신의 핵심가치와 직무에서 중요하게 여겨지는 가치와 비교하는 것은 개인이 더 즐겁게 집중할 수 있는 직무영역을 확인하는 데 도움이 된다.

⑨ 개인의 급여(복지)의 필요 정도를 고려한다(Do, 검토)

급여와 복지가 직무만족도 또는 몰입정도와 일치한다고 말할 수 없지만, 개인이 직무의 위치와 역할을 선택해 가는 과정에서 상당히 중요한 역할을 한다. 경력을 쌓아가면서 어떻게 연봉이 변하는지에 대한 정보를 확인하여 커리어 패스를 고려할 수 있다.

(참고 : https://www.indeed.com/)

4. 커리어 로드맵

로드맵이란 어떤 목표 또는 결과를 얻기 위한 체계화된 접근방식(Systematic Approach)을 말한다.

모든 개인은 로드맵의 정의와 각 부문에서 이를 활용하는 방법에 익숙해질 필요가 있다.

> 로드맵이란 어떤 목표 또는 결과를 얻기 위한
> 체계화된 접근방식(Systematic Approach)을 말한다.

특정한 목표를 위해 업무를 진행할 때, 계획을 수립하고 여러 중간목표를 세팅한다. 이어서 다양한 자원과 함께 여러 사람들의 지식과 지혜를 활용한다면 업무 결과의 품질을 높이고 시간을 단축할 수 있다. 몇 가지 로드맵 사례를 살펴보자. 생산품질과 업무 프로세스와 관련된 문제 해결을 위한 DMAIC(Define–Measure–Analyze–Improve–Control)의 경우다.

Define 단계에서는 프로젝트 범위와 문제의 기술, 목표, 그리고 스케줄을 포함한다.

Measure 단계에서는 문제가 얼마나 심각한지를 측정한다.

Analyze 단계에서는 문제의 원인을 확인하고 데이터로 잠재원인을 검증한다.

Improve 단계에서는 문제의 원인을 제거하거나 극복하기 위한 아이디어와 정제된 솔루션을 개발한다.

Control 단계에서는 개발된 업무 관행 등으로 인해 이전상태로 돌아가지 않고 해결안이 꾸준하게 잘 유지될 수 있도록 관리한다.

설계 품질문제 예방을 위한 DFSS(Design for Six Sigma)의 로드맵은
다음과 같다.

IDDOV
(Identify-Define requirement-Develop concept-Optimize-Verify)

DIDOV
(Define-Identify requirement-Develop concept-Optimize-Verify)

고질 및 모순 문제의 창의적인 해결을 위한 ARIZ의 로드맵 중
의 한 가지는 다음과 같다.

ICARS
(Identification - Conflict - Advance - Resource - Solution)
/ GMK의 ARIZ 로드맵

마지막으로 시스템 설계 예방을 위한 AIAG VDA 통합 FMEA
의 로드맵은 7단계로 구성되어 있다. 로드맵은 업무 진행단계를
큰 스텝으로 분류해 놓은 것이다. 일반적으로 각 단계안에는 세
부 스텝과 세부 방법론들을 규정해 놓고 있다.

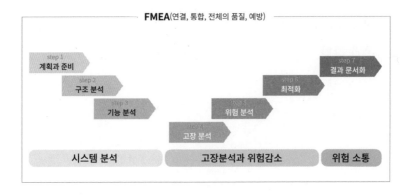

커리어 패스를 계획할 때도 마찬가지로 체계적인 접근 방법인 로드맵을 활용하는 것이 좋다. 데밍 사이클이라고도 하는 PDCA 로드맵을 커리어 패스를 위하여 적용하는 것을 권한다. 여러 로드맵 중에서 가장 광범위하게, 효과적으로 사용할 수 있어서 내가 자주 사용하며 사람들에게 권장하는 로드맵이다.

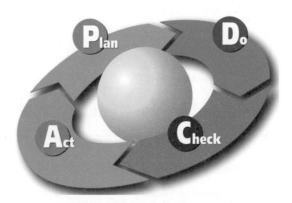

그림 출처 : https://www.wikiwand.com/en/PDCA

PDCA에 포함된 'P는 Plan, 계획하라, D는 Do, 시행하라, C는 Check, 검토하라, 마지막 A는 Act, 표준화와 피드백과 다시 시행하라'는 의미를 가지고 있다. 조금 자세하게 각 단계를 확인해 보자.

Plan 단계에서는, 원하는 결과를 얻기 위해서 이슈의 진술과 목표와 팀 그리고 스케줄 등을 결정한다. 일반적인 Define(정의)으로 생각하면 이해하기 쉽다. 특정한 문제 또는 이슈가 있다면 이슈에 대한 정의와 프로젝트 범위, 개략적인 목표와 스케줄, 함께 해결해 갈 팀 멤버를 결정하는 것이다.

Do 단계는 이전 단계(Plan)에서 수립했던 계획을 순서대로 실천한다.
Check 단계는 Do 단계에서 얻었던 결과와 지식을 평가하는 단계이다. 계획단계에서 예상했던 목표와 비교하여 차이점(목표와의 Gap 분석)과 교훈(lesson learned)과 제약사항 등을 정리한다.

Act 단계는 Do/Check 단계에서 얻었던 결과와 지식을 관련된 팀에게 피드백하고 필요하다면 표준화를 진행하고 더 나은 결과를 위해서 PDCA 사이클을 다시 시작하기 위한 정보를 제공한다.

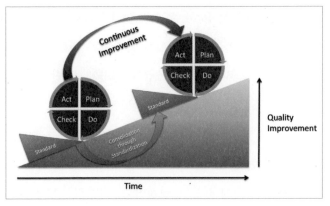

그림 출처 : https://www.wikiwand.com/en/PDCA

취업 준비생을 위한 Career path의 계획과 시행을 위한 PDCA
와, 상당한 기간 동안 업무 경험이 있는 사람들의 PDCA는 상세
계획과 내용에서 다르게 접근할 필요가 있다. 취업준비생들은 본
인이 원하는 직무를 실제로 경험하지 못했기 때문에 다소 모호한
지식을 가지고 계획을 수립할 수밖에 없다. 몇 개월의 인턴십을
경험했더라도 해당 분야의 직무에 대한 지식이 제한적일 수밖에
없기 때문이다.

여러 취업준비생을 만나서 대화를 해보면 자신의 진로에 대한
확신이 부족하다는 것을 나는 자주 느끼곤 한다. 그럴 수밖에 없
는 우리나라 교육환경의 탓이 가장 크다. 입시 위주의 교육으로
직업에 대해 탐구할 시간과 기회가 주어지지 않았기 때문에 자신
이 무엇을 잘할 수 있는지와 개인이 중요하게 생각하는 핵심가치
와 관심사 등에 대한 경험지식이 너무 제한적이다.

취업준비생들을 위한 PDCA 로드맵을 살펴보자.

P 계획단계에서 전반적인 이슈 진술과 Career의 목표와 함께, 참여할 팀 멤버를 결정하고, 전체 일정 계획을 수립한다. 가장 중요한 것은 자신이 어떤 일을 잘할 수 있는지와 즐겨할 수 있는지를 확인하고, 선택과 결정을 할 때 중요하게 생각하는 가치는 무엇인가, 어떤 선호 역할을 가지고 있는지를 진단하는 것이 필요하다. 자료 수집과 경험 설계, Career에 필요한 교육과 중간목표 등을 위한 세부 활동 계획을 수립한다.

Plan 단계를 세분화해서 수립하는 것이 PDCA 로드맵을 적용하는 데 있어서 수월할 수 있다.

> P_1: Career 목표 및 팀 정의
> P_2: 자기 진단 및 비전 수립 (진단 키트)
> P_3: 자료 수집과 경험 설계 계획

P_3를 부연하면, P_2에서 계획한 내용에 대한 자료를 수집하는 단계로서 인터넷과 책, 해당 분야에서 오랫동안 근무하고 있는 사람들을 만나려는 계획을 수립한다.

P5에 있는 Target Tree은 2부 마지막 부분에 설명되어있다.

D 실행단계에서는 P 단계의 자기 진단과 상세계획에 있는 모든 활동을 진행한다. D 단계도 P 단계처럼 세분화하여 진행한 후 다음 단계의 P 계획 내용을 수정 또는 구체화할 수 있다.

C 체크단계는 D 단계에서 얻었던 결과를 점검하는 단계로, P 단계에서 기대했던 내용과 D 단계의 결과를 비교해 보고 Lesson Learned(실패 경험으로 얻은 교훈)를 얻고 A 단계에서 필요한 지식과 정보를 정리한다.

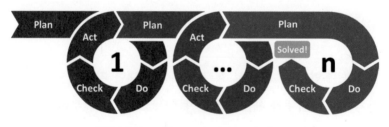

그림 출처 : https://www.wikiwand.com/en/PDCA

A 조치단계는 일반적으로 C 단계에서 얻었던 정보를 점검하

고 검증한 후 피드백과 표준화를 하는 단계이며, 또 다른 PDCA 싸이클을 위한 방향과 정보를 정리하는 단계이다. 커리어 패스의 속성을 고려하면 $P_1-D_1-C_1-A_1$, $P_2-D_2-C_2-A_2$, $P_3-D_3-C_3-A_3$…라는 단계를 거치는 반복 로드맵이 적당하다.

취업준비생들을 위한 커리어 패스에서 다섯 번의 계획(Plan) 수립 단계를 거쳐야 하므로 아래와 같이 진행하는 것이 좋다. P_1에 대한 D_1, C_1, A_1 단계를 거치고 나면 새로운 계획 P_2는 P_1에서 수립했던 내용보다 더 상세하게 실제적인 계획을 수립할 수 있기 때문이다.

$P_1-D_1-C_1-A_1$, $P_2-D_2-C_2-A_2$, $P_3-D_3-C_3-A_3$,
$P_4-D_4-C_4-A_4$, $P_5-D_5-C_5-A_5$

5. 전직/이직과 커리어 패스(Career path)

나의 과거와 현재 청년들이 경험하고 있는 것을 토대로 커리어 패스에 관련된 글을 쓰고 있다. 동시에 업무를 위한 도구 즉 방법론을 설명할 필요를 많이 느낀다. 이론에 그치지 않고 커리어 패스를 바르고 효율적으로 실천할 수 있는 효과적인 방법론이 존재하고 있고 동시에 현재 근무하고 있는 회사와 이후에 전직/이직한 회사에서 일을 잘할 수 있는 다양한 방법도 배울 수 있도록 하는 일거양득의 효과를 얻을 수 있기 때문이다.

이직과 관련해서, 강조하고 싶은 내용은 '관계문제, 즉 갈등 때문에 하는 전직/이직은 답이 될 수 없다'는 것이다. 누구나 사람과의 갈등, 특히 상사와의 관계로 고민하지만… 이직이 결코 답이 될 수 없다. 오히려 위기를 기회로 삼고 철저하게 자기개발 목표를 세워 커리어를 개혁하기 바란다.

> 관계문제, 즉 갈등 때문에 하는 전직/이직은 답이 될 수 없다.

전직/이직과 관련하여 핵심 고려사항이 있다.

첫째는 왜 회사를 옮기려 하는가? 즉 전직/이직의 사유에 대한 질문이다.

두 번째는 어떤 효과/가치를 고려하고 있는지, 무엇을 기대하고 있는지를 생각하는 것이다.

세 번째는 리스크를 검토하는 단계로서, 이직의 위험성은 없는지를 따져 볼 필요가 있다. 어찌되었든 전직/이직으로 많은 것, 예를 들어, 근무환경, 관계, 조직문화와 관행 등이 변화하기 때문에 리스크가 작다고 말할 수 없다.

네 번째로 구체적인 목표 진술과 세부 계획을 수립해야 성공적인 전직/이직을 할 수 있다.

이 단계에서 기본 방법론 중에 하나인 Target Tree를 적용해보려고 한다.

직장인들에게 논리적 사고력의 중요성은 아무리 강조해도 부족하다. 보고서 내용이나, 회의에서 프레젠테이션에 참여한 리더들이 직장인들의 논리적 표현력이 많이 부족하다고 말하는 것을 자주 듣곤 했다. 나도 마찬가지였다. 이를 극복할 수 있었던 계기는 직무의 변화와 논리적 사고 방법론에 대한 학습이었다. 사내외 컨설턴트와 강사로 일하면서 교육자료를 개발하고 강의와 컨설팅을 진행하면서 논리적 사고력이 점진적으로 좋아졌다고 생각한다. 문제해결과정 자체가 상당한 수준의 논리와 사고력을 요구하기 때문이다.

자신의 직무에서 어려운 문제해결을 위해서는 논리적, 물리적 모순점을 발견하려는 습관을 만들어가기 위해 인내하며 추진하는 실행력을 개발할 필요가 있다. 나의 사고력을 강화하게 된 다른 기회가 있었다. 2015년에 TOC Thinking Process를 학습 후 직무에 적용하면서였다. 그 방법론을 먼저 한국GM에서 적용했고, 지금은 고객사에서 강의를 하고 있고 품질과 업무시스템과 경영 프로세스의 문제해결 프로젝트 진행과정에서 사용하고 있다.

이 툴의 장점은 단기간에 논리력의 향상이 가능하다는 것이다. 방법론의 각 스텝이 논리적 사고를 이끌고 점검할 수 있도록 구성되어 있기 때문이다. 논리적 사고력은 업무와 삶에서 마치 기초공사와 같다. 모든 엔지니어(임직원)와 경영진들은 논리적 사고력 향상에 힘을 쏟아야 한다.

문제해결과정 자체가 상당한 수준의 논리와 사고력을 요구한다.

커리어 패스 개발에도 논리적 사고력의 중요성은 두말할 필요가 없다. 전직·이직과 관련된 절차도 논리적인 프레임으로 구성된다. 전직/이직 사유는? 어떤 효과/가치가 있는가? 어떤 리스크가 존재하는가? 앞에 진술한 세 가지를 잘 검토했다면, 목표 진술과 상세한 계획을 수립한다. 논리적인 로드맵이다.

내가 직접 경험한 또는 간접으로 경험했던 전직/이직 사유는 직장에서의 관계문제(상사, 동료 등과 갈등) 및 더 나은 연봉과 복지, 경력개발, 회사의 미래가 불확실, 업무가 적성에 맞지 않음, 근무환경, 자녀 교육 등이다. 여기서 커리어 패스와 관련된 이직 사유는 경력개발 및 적성과 관련된 두 가지뿐이다. 만일 근무환경의 문제 등이 이직 사유일지라도 커리어 패스 관점을 함께 고려해야 한다.

한국GM에서 근무할 당시, 많은 엔지니어가 LG전자와 두산인프라코어 등의 회사로 옮기는 것을 보았다. 주된 이유가 연봉이었다. 그들이 몇 가지 사유로 다시 한국지엠으로 돌아왔거나 돌아오고 싶어 했지만 한국GM에서 받아주지 않았던 경우를 심심치 않게 듣고 보았다. 전직/이직에 대한 리스크와 효과/가치를 제대로 검토하지 않고 계획을 제대로 수립하지 못한 결과라고 생각한다. 반면에 위의 네 단계를 고려하여 계획을 수립하고 잘 준비한 성공적인 전직/이직 사례도 있다.

전직/이직의 효과/가치는 새로운 지식과 프로세스를 배워 Career 개발 기회를 얻을 수 있는 것과 복잡하게 얽힌 관계를 떠나 새로운 시작(resetting)을 할 수 있다는 것, 지금까지는 발견하지 못했던 자신의 탤런트를 확인한 후 능력을 개발할 기회를 얻을 수 있다는 것이다. 한편 전직에 따른 리스크로 새로운 관계에서 상사/선임과의 갈등 위험 등이 존재하고 있다. 전직/이직한 사람은 꽤 오랫동안 조직에 대한 성실과 충성도를 의심받기도 한다. 전직/이직한 회사 내 조직에서 확실한 비교 우위의 기술과 지식이 없는 경우에는 중요한 역할 수행과 승진의 기회가 더 멀어질 수 있고 가치가 적은 일들을 도맡아 하는 경우도 있다.

위 세 가지 리스크를 고려하여 전직/이직을 다음 기회로 미룰 수 있다. 하지만 전직/이직에 대한 확신을 갖게 된 경우라면 목표와 상세한 계획을 수립하고 실행해야 한다. Career path라는 큰 관점에서 현재 어느 단계인지를 기술하고 목적과 목표를 기술한다. 이 단계에서 신뢰할 수 있는 사람과 만나서 토의하고 조언을 구한다.

필자가 2010년에 현대자동차에서 GM대우(현재 GMTCK, GM Technical Center Korea)로 이직을 고려할 때, 주변에 있는 몇 분들과 여러 번 논의했던 기억이 있다. 필자가 생각하지 못한 사항들을 말씀해 주시고 만류하거나 격려해 주시는 분들의 지혜가 큰 도움이 되었다. 감정과 생각이 앞서거나, 너무 서두른다면 실패할 가능성이 크다.

이어서 목표를 달성하기 위한 구체적인 계획은 Target Tree를 활용하여 수립해 보자. 필자가 취업준비생들을 위한 특강을 할 때 자주 소개하는 툴이다. 이 글에서는 개략적인 방법만을 소개하고 2부에서 상세히 소개하려고 한다.

> 이직을 고려할 때, 감정과 생각이 앞서거나,
> 너무 서두른다면 실패할 가능성이 크다.

1) Career의 목적을 기술하고 목표를 기술한다.
2) 전직/이직 목표를 달성하는 데 방해가 되는 요소를 확인하고 기록한다.

방해요소는 목표를 달성하는 데 있어 현재 가지고 있지 않은 것(부재, 부족), 모르는 것(무지), 사람들의 저항과 반대 같은 주변인들의 낮은 사기(morale) 등이다.

3) 장애 요소를 극복하기 위한 중간목표를 개발하여 기록한다.

4) 장애 요소를 극복하기 위한 중간목표 외에 목표 달성에 필요한 필수 중간목표를 추가 개발한다.

5) 장애 요소는 8각형, 중간목표는 4각형 글 박스에 입력하고 시간 순서대로 배치한다. 먼저 해야 할 일은 아래, 나중에 해야 할 일은 위로 상대적인 실행 시기를 고려하여 배치한다.

6) 각 중간목표를 화살표로 연결하고 가장 위에 있는 중간목표와 최종목표를 화살표로 연결한다.

7) 상세 활동계획을 수립한다. 각 중간목표를 달성하기 위한 상세활동계획(마감 시한 포함)을 작성한다.

8) 상세활동계획을 중간 점검한다. 계획대로 진행되고 있는지, 그렇지 않다면 무엇을 수정해야 하는지를 기록한다.

Target Tree는 Thinking Process 내 여섯 가지 트리 중에 하나인 단기목표 수립을 도와주는 필요조건의 논리 Tree이다. 반복하지만 직장인에게 논리적 사고력은 아무리 강조해도 지나치지 않다. 논리력에서 온전한 문제해결 능력과 창의력이 발휘될 수 있기 때문이다.

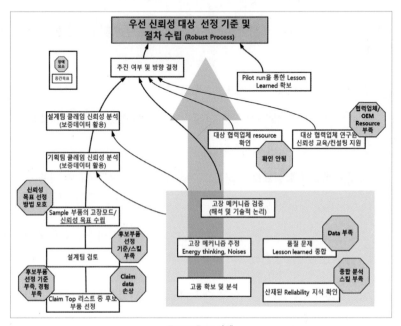

Target Tree 사례

생각하고 토론할 주제

1 당신은 커리어패스에 대하여 어떻게 생각을 하고 있는가?

2 지금 하고 있는 일에 만족을 느끼며 열정을 쏟아붓고 있는가? 아니라면 왜 그런가?

3 당신은 커리어패스를 생각하거나 계획해 본 적이 있는가?

4 현재 직장에서 당신을 괴롭히는 가장 큰 문제는 무엇인가?

5 현재, 또는 과거에 이직/전직을 고려해 본 적이 있는가? 있었다면, 어떤 이유 때문이었는가?

2장
개인의
직업 정체성 확인

0. 개인의 직업 정체성 확인

직업 정체성(Job Identity) 분석 또는 자신의 인생설계(Life design)를 분석할 수 있는 여러 가지 진단 키트가 존재한다. 자신의 정체성을 평가할 때, 무엇보다 중요한 것은 자기 경험을 토대로 정직하게 평가해 보는 것이다.

나는 취업을 준비 중인 여러 청년들을 만나보고 있는데, 매번 우리나라 교육에 대한 아쉬움을 절절히 느끼곤 한다. 성적, 입시, 취업을 위한 주입식 교육과 전무하다시피 한 실무 경험들로 인해 청년들이 자신의 직업 정체성에 대해 아는 게 별로 없다. 취업한 지 몇 년이 지난 후에 자신을 발견하는 경우가 대부분이다.

나도 마찬가지였다. 나 자신의 직업 정체성을 발견할 수 있었던 최초의 기억이 1992년 현대자동차에 취업을 한 이후였다. Body 엔지니어(차체설계담당자)로 8년 동안 일하고 설계품질전문가로 6년, 총 14년 정도 흘렀을 때 내가 무엇을 좋아하고 어떤 직무를 잘할 수 있는지를 확실히 알 수 있었다. 일찍 누군가가 나에게 조언을 해주었더라면…. 좋은 자기 진단 방법을 조금 이른 시점에 알았더라면 더 빨리 나를 발견할 수 있었을 텐데…. 이런 아쉬움으로 인해 요즘 청년들에게 관심을 가지고 직업 멘토링과 대학에서 취업특강과 예비전문가 과정을 진행하고 있다.

아래는 청년, 직장인들과 그들의 life design을 분석할 때 사용하는 질문서이다. 아래에 첨부된 질문서 이외도 다양한 도구들이 자기를 알아가는 데에 있어 매우 유용함을 알 수 있다. 기본 질문서는 전공과목과 선택배경, 주변 사람들의 권했던 직업 등 본인에 대해서 전반적인 모습을 그려볼 수 있도록 고안한 것이다.

나의 두 아들을 지켜보면서 부모, 특히 아버지의 관점을 비중 있게 다룰 필요가 있다는 것을 느꼈다. 큰아들이 초등학교 이후부터 잠재적인 경영 마인드가 있음을 보이곤 했다. 어린아이가 무슨 경영 마인드냐고 할 수 있지만 그렇지 않다. 큰애는 친구들과 동생이 가지고 있는 물품이 좋아 보이면 여러 가지 방법과 설득을 통해 본인에게 덜 중요한 것을 주고 그것을 가져온다. 그리고 부모인 나와 아내에게도 딜(deal)하는 질문과 밀당을 아주 잘한다. 내가 우스갯소리로, "이것이 자기 부모와 딜하려고 하네!"라고 외쳐 옆에 있는 아내를 미소 짓게 했던 일들이 수없이 있었다.

둘째 아들의 경우, 뚜렷한 엔지니어 특성을 지니고 있었다. 그는 호기심이 생기면 무엇이든지 분해하고 고장을 낸다. 한번은 시계를 분해해서 다시 조립했는데 작동이 되지 않았고, 슬리퍼를 본인의 아이디어를 이용해서 특허를 내겠다고 구멍을 내고 절단하고… 대학교에서는 특허를 출원해서 지적 재산권을 산업체에 매각했던 사례도 있었다.

그래서 두 아이들이 대학 학과를 선택할 때, 큰아이에게는 경영학과에, 둘째는 기계공학에 지원해 보는 것이 어떻겠냐고 조언했던 기억이 있다. 지금 큰아이는 마케팅과 경영 컨설팅 회사에서 2년 반을 근무하고 나서 동일한 직종의 회사를 창업했다. 둘째는 전자제품을 만드는 회사에서 시험 엔지니어로 근무하며 회사에서 좋은 평가를 받고 있다. 자신들이 좋은 평가를 받고 있다고 말하는 것이 아니라, 그들과 대화를 하면서 내가 감지한 것이다.

1. 기본 질문서(Basic Questions) from 킴스퀘어 코칭

·기본질문(Basic Questions)

1. 전공 학과는?

2. 선택 배경은?

3. 관심있는 분야와 직업은(열정)? 그렇게 생각했던 이유는?

4. 주변에서 권했던 직업은?(부모님과 친구)

5. 아르바이트, 일 경험이 있는가? 그때 생각은?

6. 사회에서 일어나는 일들을 보면서
   내가 참여했으면 좋겠다는 생각이 든 경우는?

7. 주변에서 내가 이것을 잘한다고 했던 일들은?(탤런트)

8. 나의 필요를 채워줄 수 있다고 생각했던 일들은?

9. 드라마. 영화. 책(만화)를 보면서 '아~ 괜찮은 직업이네'라고
   생각했던 일들은?

10. 초등학교에서 고등학교까지 내가 좋아했던 학과목은?

• 직업의 탐색(선택의 시기)

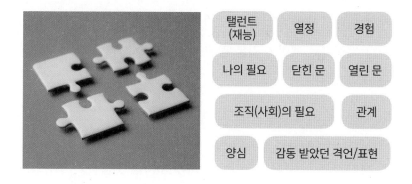

기본 질문서에서는 전공학과와 선택배경에 대해 묻고, 관심 있는 분야와 직업에 대해서 그렇게 생각했던 이유에 대해서 묻고

답한다. 또한 조금 전에 설명했던 것처럼, 주변 특히 부모가 권했던 학과와 직업군을 묻고, 아르바이트, 인턴 등의 단기 직업 경험의 유무와 그 일에 대한 일반적인 생각을 묻는다. 또한 사회에서 일어난 일들을 보면서 드는 생각이 무엇인지, 그 속에서 어떤 역할을 하고 싶었는지 질문하고 확인하는데 이는 사회적 필요에 공감하고 인식하는 내면의 소리를 확인하기 위함이다.

• 자신의 필요를 채워줄 수 있다고 생각이 되는 일과 직업군은?
• 미디어를 통해서 '아, 저 일은 한번 해보고 싶다'라고 느꼈던 직업은?
• 초등학교에서 고등학교, 대학 과목 중에 관심이 있고 잘했던 과목은?

위와 같은 기본 질문서에 답을 기록하면서 기본적인 직무 정체성에 대해서 대략 확인할 수 있다고 생각한다. 한편 그 외에 조금 더 체계적으로 개인의 직무 정체성을 확인할 수 있는 몇 가지 항목이 있다.

2. 핵심가치 검사(출처: 『Live your calling(소명 찾기)/IVP』)

핵심가치(Core value) 검사는 개인적으로 중요한 의미를 갖는 가치를 평가하는 질문지이다. 가치관이란 우리 삶에서 중요한 것이 무엇인가에 대한 신념을 말한다. 핵심가치는 우리 안에 깊이 뿌리내리고 있으면서 어떤 것을 선택하고 어떤 것을 거부하는 데 강력한 영향을 미치는 가치다. 핵심가치를 형성하는 여러 요인 중에는 사람(가족), 인생 경험, 교육, 신앙 등이 있다. 일과 직업에 있어서 핵심가치는 본인의 career path를 개발하고 직업을 선택하는 데 매우 중요한 역할을 한다.

점수

_____	경쟁	다른 사람들과 능력을 겨루고 승패가 분명히 존재하는 일에 참여한다
_____	권력/권위	다른 사람들의 행동과 운명을 통제한다
_____	균형	중요한 사람과 함께하는 시간과 중요한 활동을 하는 시간을 개인적으로 충분히 갖는다
_____	다른 사람 돕기	직접적, 간접적으로 다른 사람을 돕는다. 이 세상에서 다른 사람들에게 긍정적으로 기여할 수 있는 일을 한다
_____	도전	어렵거나 복잡한 과업을 수행할 수 있는 기회를 잡는다
_____	명성	자신의 권력과 부, 성공, 중요한 지위가 사람들에게 드러난다
_____	변화/다양성	내용이나 환경의 변화가 잦은 일을 맡거나 다양한 기회를 갖는다
_____	성취/탁월함	일에서 높은 수준의 실력을 획득한다
_____	소득	많은 돈을 벌 수 있는 곳에서 일한다

	소속	특정집단이나 조직의 구성원으로 인정받는다
	승진	점점 더 많은 위업을 달성하거나 더 높은 지위에 올라간다
	시간의 유연성	자유롭고 독자적으로 작업일정을 결정할 수 있다
	안전	직업이나 조직에서 안전감을 느낀다
	안전성	일의 과정과 그에 대한 책임이 대체로 예측 가능하고 오랜 기간 동안 바뀔 가능성이 없다
	영향력	다른 사람의 태도나 의견을 변화시킬 수 있는 지위에 있다.
	우정	좋아하는 사람과 함께 일할 수 있는 기회를 얻는다. 일터에서 친밀하고 인격적인 관계를 발전시켜, 일터 밖에서도 그 관계를 유지한다

핵심가치는 본인의 career path를 개발하고
직업을 선택하는 데 매우 중요한 역할을 한다.

3. 전환 가능한 기술 검사

출처: 『Live your calling(소명 찾기) / IVP』

'전환 가능 기술(Transferable Skills)'이란 과거 직업 활동을 통해서 개발한 스킬이며, 다양한 환경에서 적용하여 쓸 수 있는 기술을 의미한다. 이 진단지를 통해 지금까지 경험하고 개발해 왔던 기술을 확인하고, 타인과 비교하여 경쟁력이 있고, 자신이 즐겨 사용하는 기술을 발견하게 된다. 즐겨 사용한다는 의미는 자신의 독특한 직무 정체성을 확인할 수 있는 중요한 힌트가 된다. 동시에 미래의 커리어 패스 단계를 위해서 개발하기 원하는 기술이 무엇인지를 확인하게 된다.

조립/기술	기계조작 기술이나, 건조술, 목공기술 등을 사용하여 기계, 기구, 건물 등을 만든다
운전/비행	자동차, 트럭, 비행기 등을 운전한다 (높은 속력으로, 혹은 비상상황에서 운전하는 일도 포함한다)
명령/통제	규칙, 법률, 정책 등을 준수하도록 사람들에게 요구하고 통제한다
비상 상황 대처	화재, 범죄, 사고 등과 관련한 상황에서 적절한 행동을 취한다
설비	편리한 위치에 기계, 장비 등을 설치한다
조경	나무, 식물, 잔디 등을 심어 지역 환경을 꾸미기 위한 계획을 세운다
민첩한 움직임	근육의 작용이나 지구력을 사용하여 몸의 일부분이나 전체를 움직인다
장비 작동	손 기술이나 신체적인 움직임을 사용하여 도구, 사무기기, 혹은 다른 기계들을 작동시킨다
순찰	질서와 안전을 유지하기 위해 지역이나 사람들을 감시하고 경계한다

숙련된 육체노동	페인트칠, 청소, 마루 깔기 등과 같은 일을 수행한다
수리	기계 장치를 고친다
운송	운송수단이나 육체적인 힘을 이용하여 물건이나 사람을 한 지역에서 다른 지역으로 옮긴다
동물과 관련된 일	가축이나 야생동물을 기르고 돌보고 훈련하고 치료한다
식물과 관련된 일	꽃, 나무, 과일과 채소, 잔디, 기타 다른 식물들을 심고 가꾼다
분석/평가	비평, 평가, 시험, 연구, 판단한다
범주화/ 분류	분류, 배열, 정리하고 개념이나 물건을 분류하여 범주를 만든다
품질검사	구체적인 기준에 맞추어 사물이나 장소를 검열한다

4. 선호 역할

출처: 『Live your calling(소명 찾기) / IVP』

역할이란 어떤 사건, 상황 혹은 기간 안에서 한 개인이 수행하는 임무라고 정의할 수 있다. 개인의 역할과 그것을 수행하는 방법은 개인 안에 있는 독특한 조합의 성향과 기술과 능력에서 나온다. 개인은 다양한 역할을 수행할 수 있지만, 어떤 역할은 다른 역할보다 더 자연스럽고 더 즐겁게 느껴진다. 이 역할들이 개인의 선호 역할(preferred roles)이다.

선호역할	전환가능한 기술	설명
창조형(Creating) 역할		
디자이너/ 창작가	디자인/창작. 종합. 개선/수정. 작곡. 조경. 컴퓨터. 프로그램 작성. 삽화. 이미지 그리기. 조립/건설. 요리/음식 준비	혁신적 해결책이나 전략을 발견하기 위해 문제와 상황을 바라보는 새로운 방식을 찾는다 비전을 현실로 만들기 위해 실행 가능한 계획을 만들어 낼 수 있는 '큰 그림'을 그린다 문서작업. 작곡. 프로그램. 커리큘럼. 연극. 물리적인 공간 배치 등과 같이 새로운 것을 창조하는 것을 즐거워한다
공연가	연예/공연	관객들 앞에서 말하고 노래하고, 춤추고 악기를 연주하는 것을 즐거워한다
지도/기여형(Leading/Contributing) 역할		
조정자	중재/연결/조정	목표를 달성하기 위해서 사람들과 자원을 연결 하는 핵심적인 인물로 봉사하는 것을 즐긴다
기여자/ 투자자	돈. 관리. 구입	특별한 사람으로 사업을 후원하기 위해 돈이나 상품을 제공하는 것을 즐긴다
리더	계획. 디자인/창작. 영향력/설득. 감독/관리. 격려/동기 부여	어떤 그룹이나 조직을 위해 비전이나 방향성 을 만들어내는 것을 즐긴다 목표 달성을 돕기 위하여 관리자들을 감독 한다
관리자	감독/관리. 영향력/설득. 격려 동기 부여	설정된 목표를 성취하기 위해서 몇 개의 그룹과 부서의 활동을 조정하며, 존경하는 지도자 밑에서 일하는 것을 즐긴다
팀/ 그룹리더	감독/관리. 가르침/ 훈련/연설	팀의 응집력을 위해 그들의 활동을 관리하면서, 사람들과 밀접하게 일하는 것을 즐긴다 학급이나 소그룹 같은 환경에서 토론을 활성화 하는 것을 즐거워한다

5. 관심사 검사

출처: 『Live your calling(소명 찾기) / IVP』

억누를 수 없는 관심사(Compelling Interests)는 개인의 존재를 규정하고 시간을 보내는 방식을 형성하는 데 중요한 역할을 한다. 관심사는 한 개인이 어디에 주의와 관심을 기울이는지 결정하며, 직무영역에서 career path를 계획하고 개발하는 데 중요한 통찰을 제공한다. 이에는 다음과 같은 질문들이 유용하다.

· 나는 자유시간에 무엇을 하는가?

· 업무의 다양한 영역 중에서 가장 집중이 되는, 더 개발하고 싶은 영역과 활동은 어떤 것인가?

· 과거에 즐겼던 일, 여가활동, 자원 활동은 어떤 것이었는가?

· 내가 가장 좋아했던 과목/수업은?

· 도서관이나 서점에 가면 어떤 영역에 가장 마음이 끌리는가?

도서 소명찾기 이외에도 자신을 발견하기 위한 다양한 방법을 소개한 도서와 사이트들이 있다.

워크넷에서 운영하는 직업심리검사가 있다. 청소년에서부터 대학생 진로검사, 성인용 직업적성검사 등이 체계적으로 자신의 직무 적합도를 확인할 수 있도록 도움을 준다.

➡ https://www.work.go.kr/jobMain.do

여기서 강조하고 싶은 것은 너무 협소하게 자신의 직무적합도를 좁히지 않기를 바란다는 것이다.

사람의 선호역할과 전환가능기술은 상당히 넓은 범주이다. 자신이 하는 업무에서 의미와 보람을 발견했다면 얼마든지 더 확대하여 개발할 수 있다는 말이다.

관심사 검사	
1. 당신에게 가장 흥미있는 주요 범주(예를 들면, '동물')에 V표를 한다	
☐ 동물	개, 고양이, 새, 토끼, 말, 파충류, 수중동물, 곤충, 야생동물, 사육, 쇼, 훈련, 동물보호, 수의학
☐ 골동품과 수집	동전, 통화, 우표, 귀금속, 가치 있는 장난감, 보석, 가구, 도자기, 직물, 스포츠 기념품, 연예 관련 수집품
☐ 예술	사진, 건축, 데생, 삽화, 회화, 만화, 만화영화, 미술사, 미술비평, 그래픽아트
☐ 책과 문학	고전, 자서전, 소설, 과학소설, 추리소설, 공포물, 시, 연애 소설, 민족 문학, 종교적인 작품, 출판산업, 서점, 도서관
☐ 사업과 돈 관리	리더십, 관리, 운영, 능률적인 사무 영업, 마케팅, 소규모 사업, 기업가 정신, 법인 재무, 회계, 조세, 세금 조정, 투자, 개인 재무, 부동산, 국제 사업, 시간 관리, 비영리 단체, 모금 활동/개발

☐	기독교	성경, 교회사, 영적 성장, 기도, 영적 훈련, 선교, 그리스도인의 삶, 청지기 정신, 교회 리더십, 예식, 변증, 복음 전도, 기독교 교육, 예언, 영적 전쟁, 신학, 교파, 중고등부 사역, 소그룹 사역, 제자훈련과 멘토링, 예배, 기독교 전통, 영향력 있는 믿음
☐	커뮤니케이션	단어, 문법, 억양, 영어(제2언어), 비교문화적 커뮤니케이션, 에티켓, 프랑스어, 이태리어, 중국어, 러시아어, 일본어, 독일어, 그리스어, 히브리어, 대중 연설, 글쓰기, 창의적 글쓰기, 기술적 글쓰기, 문서 작성, 사업 관련 글쓰기, 아동문학, 언론, 광고, 홍보
☐	컴퓨터	인터넷, 프로그래밍, PC 지원, 하드웨어, 네트워킹, 웹디자인, 웹 사이트 관리, 컴퓨터 애니메이션, 그래픽 디자인, 데이터베이스, 정보관리, 작동 시스템, 보안, e-무역
☐	수공예와 취미	도장 새기기, 스크랩, 유리공예, 금속 공예, 비즈 공예, 뜨개질, 바느질, 퀼트, 도자기, 세라믹, 장난감 만들기, 축소모형 만들기, 목공예, 장식용 페인팅, 꽃꽂이
☐	춤	발레, 고전무용, 볼룸댄스, 포크댄스, 재즈 댄스, 탭 댄스, 현대무용, 대중 댄스, 성무
☐	다이어트와 건강	다이어트, 체중감량, 섭식 장애, 운동, 건강, 근력 훈련, 개인 훈련, 영양, 건강한 노화
☐	연극과 예술 공연	연출 기법, 연기, 무대 디자인, 무대 구성, 각본, 감독, 의상, 인형극, 어릿광대, 마술, 무언극, 곡예

직업심리검사 (총 22종)

 심리검사
상담신청 | 심리검사
결과조회

청소년 대상 심리검사 (총 9종)   전체보기

- 청소년 직업흥미검사
- 직업가치관검사
- 청소년 인성검사
- 고등학생 적성검사
- 청소년 진로발달검사
- 직업흥미탐색검사

성인 대상 심리검사 (총 13종)   전체보기

- 성인용 직업적성검사
- 직업선호도검사 S형
- 직업선호도검사 L형
- 구직준비도검사
- 준고령자 직업선호도검사
- 대학생 진로준비도검사

워크넷 직업심리검사 항목 / 출처 https://www.work.go.kr/seekWantedMain.do

생각하고 토론할 주제

1 자신의 직업 정체성에 대해서 생각해 본 적이 있는가?
없다면 https://www.work.go.kr/jobMain.do 를
방문해서 진단해 보기 바란다.

2 당신의 핵심가치는 무엇인가?

3 당신의 전환 가능한 기술은 무엇인가?

4 당신의 선호 역할은 어떤 것들이 있는가?

3장

Personal Brand(PB)와 커리어 포트폴리오

1. 퍼스널 브랜드(Personal Brand)

우리 사회에서, 브랜드는 흔히 회사와 동의어로 사용된다. 그러나 정확히 구분하면, 회사는 제품과 서비스를 개발하여 생산 판매하는 조직이며, 브랜드는 회사가 개발하는 제품과 서비스에 부여하는 이름이며, 개성과 특징 등이 나타나는 것이다.

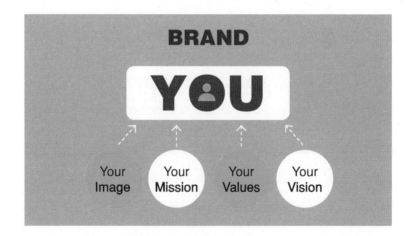

삼성전자는 회사명과 동일한 브랜드명을 가지고 있지만 스마트폰을 위해서 갤럭시 외 몇 가지 브랜드명을 등록하여 사용하고 있다. 현대자동차는 '현대'라는 일반 브랜드와 '제네시스'라는 고급 브랜드를 가지고 있다. 제너럴 모터스(GM)는 가성비가 높은 실용적인 브랜드, '쉐보레(Chevorlet)'와 가성비와 실용성보다는 상품성을 더 강조한 '뷰익(Buick)'이라는 브랜드, 고급감과 감성과 편의성을 대폭 강조한 '캐딜락(Cadilac)'이라는 브랜드 등을 보유하고 있다. 회사들은 자사의 브랜드 가치를 높이려고 부단히 노력을 기울인다.

퍼스널 브랜드(Personal brand, 이하, PB)는 자신의 직업과 관련된 이미지로 다른 사람들이 큰 노력을 기울이지 않고 파악할 수 있으며 스스로 창조하고 개발해 가는 한 개인의 독특한 이미지이다. PB는 같은 직무에서 일하고 있는 사람과 차별화된 자신만의 스킬, 경험, 지식과 개성을 표현할 수 있어야 한다. 바람직한 PB를 만들어 가기 위한 꾸준한 노력이 필요하다. 개인만의 차별화된 강점, 세일즈 포인트를 지속적으로 계획하고 개발해야 한다는 의미이다.

Personal Brand(PB)는 스스로 창조하고 개발해 가는 한 개인의 독특한 이미지이다.

탁월한 PB를 보유하고 있는 개인은 자신에 대해서 말하지 않아도 자연스럽게 알려지고 홍보가 되는 경지에 이르게 된다. 더 높은 역량의 고객과 파트너와 의뢰인들을 확보할 수 있다. 좋은 브랜드 가치를 지닌 상품이나 서비스와 같은 원리다.

회사를 떠나, 독립적으로 경영하려는 목적이 아니어도 PB가 필요한 이유는 꾸준히 계획하고 준비하고 실행하게 하는 지속적인 자기개발의 동력이 되기 때문이다. 회사를 운영하는 경영자만이 아니라 모든 직업인과 전문인들이 PB를 추구해야 한다. 우리나라의 30% 정도의 직업인들과 전문인들이 PB를 추구하고 개발한다고 상상해 보자. 대한민국이 세계의 초일류 국가가 되지 않겠는가? 나는 그렇게 믿는다.

회사의 인사자료 또는 나의 경험으로 봤을 때, 일반적으로 성공을 위해 남다른 노력을 하는 직업인들의 비율은 10%, 자신의 미션과 비전을 소유하고 있는 사람들은 약 3%가 채 되지 않는다. 만일 우리나라 직업인들의 30%가 탁월한 PB를 위해서 노력한다면, 인구가 5~10억인 나라와 총 직무역량이 비슷하거나 더 낮지 않을까? 거기에다 우리나라 사람들의 고유한 장점인 직관력, 추진력과 속도(스피드), 그리고 앞으로 우리가 함께 논의할 논리적 사고 방법론과 효율적으로 일을 하도록 돕는 기법을 배워서 익숙하게 사용하게 된다면 Made in Korea의 제품과 부품이 글로벌 시장의 상당한 부분을 점유하게 되는 초일류 산업국가가 되는 것은 불가능한 일이 아닐 것이다. 이와 같은 꿈과 목적과 기대를 가지고 글을 쓰고 있다.

오해하지 말아야 할 것은 커리어 패스와 PB는 전직/이직을 통해서만 이룰 수 있는 것은 아니라는 점이다. 또한 전직/이직을 위해서 개발하는 것도 아니다. 한 직장에서 오랫동안 근무하기를 원하는 모든 직장인도 이 같은 노력을 경주해야 한다.

차별화된 PB를 개발한 개인들이 얻을 수 있는 몇 가지 혜택(이점)이 있다. 회사와 조직에 좋은 영향력과 성과로 기여할 수 있고, 승진과 연봉인상의 더 많은 기회, 좋은 파트너십 확보 가능, 그리고 자기 확신감(자기 효능감) 등이다.

브랜드라 하여, 너무 거창한 이미지를 생각하지 않기 바란다. 자신만의 특징과 강점에 집중하여 조직과 고객에게 좋은 영향력과 결과를 주겠다는 목표를 세운다. 자기만의 직무 전문성 향상을 고민하고 재능을 창조/개발하고 완성해 간다는 의미로 받아들이기를 권장한다. 서두를 필요도 없다. 무엇보다도 꾸준함이 중요하다.

필자의 PB 이미지를 간단하게 소개하고자 한다.

경력으로서의 차별화 포인트는 자동차 OEM, 현대자동차에서 차량설계 경험과 자동차 시스템뿐 아니라 많은 협력업체의 부품 품질 이슈를 해결하는 등 설계품질 전문가로 17년 11개월을 근무했고, 그 이후 한국GM에서 7년 5개월 동안 제품 품질과 Biz 프로세스 전문가 겸 연구소 품질 팀장의 경력을 가지고 있다는 점이다.

필자의 전문 분야로서는 첫째, 제품과 부품 및 Biz 프로세스의 품질문제의 단순화, 시각화를 통한 근본 원인 확인 후 솔루션 개발, 둘째는 제품이 만들어지기 이전에 사전예방, 셋째는 다양한 문제 해결을 위한 프로젝트 성공 경험을 가지고 있다.

다음은 개인 직무 정체성이다.

먼저 필자의 전환 가능 스킬은 고질적인 문제 해결과 개선/수정, 코칭과 강의 및 문제 해결법 제시 등이다. 전환 가능 스킬은 다른 사람과 비교해서 경쟁력이 있고 그 일을 즐기며 몰입할 수 있는 스킬을 말한다. 나의 핵심가치는 사람/조직 돕기, 도전, 탁월함, 영향력, 전문가 지위 등이며 선호 역할은 리더, 교사, 고충 처리자(Trouble Shooter) 등이다.

일반적으로 자기의 강점과 특징을 분석하는 차원(범주)은 몇 가지가 있다. 여기서는 전환 가능 기술, 핵심가치와 선호 역할 등 3개의 범주로 필자의 특징을 간단하게 소개했다.

PB 이미지는 'The helper'이다. 내가 보유한 경험과 스킬, 핵심가치와 선호 역할을 통해서 만들어졌으며 오십 대 중반인 현재 어느 정도 완성된 이미지이다. 물론 여전히 나는 스스로의 PB를 개발 중에 있다. 어떻게 PB가 완성되었다고 말할 수 있겠는가? PB는 살아 있는 동안, 70세까지는 꾸준히 개발되어야 한다.

> PB는 살아 있는 동안, 70세까지는 꾸준히 개발되어야 한다.

2. 커리어 포트폴리오(Career Portfolio)란?

커리어 포트폴리오를 준비하는 노력도 게을리해서는 안된다.

커리어 포트폴리오(Career Portfolio)는 자신의 스킬과 요약 경력과 상세 경력, 주요 프로젝트 요약(주제, 기간, 성과 등), 교육 훈련 내용 등의 문서를 category 별로 요약하고 정리한 자료를 말한다.

이는 깊이나 내용 면에서 이력서와는 다르고 본인의 개인정보, 능력과 스킬, 직무 경험의 샘플, 평가, 수상경력과 감사와 칭찬 코멘트를 기록하여 자신의 능력과 가치 등의 증거로 활용될 수 있는 문서이다.

커리어 포트폴리오에서 비중을 두어야 하는 것은 회사에서 진행한 직무 경험, 주요 프로젝트, 이슈 해결 경험과 도전적인 상황을 어떻게 극복했는지에 관한 객관적인 기록이다. 이를 작성하고 일 년에 한 번 업데이트를 하는 것이 좋다. 일반 기업에서는 매년 진행되는 업무실적 평가와 연관하여 준비할 수 있다. 나는 두 아들에게도 준비하도록 격려하고 있다.

커리어 포트폴리오 작성을 통해서 얻을 수 있는 이점은 개인의 경력 개발에 필요한 영역을 지속적으로 확장할 수 있다는 것과 언제든지 개인의 상세한 커리어를 필요에 따라서 요약하거나 추출하여 사용할 수 있다는 거다.

자기개발을 위해서 읽었던 도서 포트폴리오를 꼼꼼하게 기록하는 습관도 중요하다. 직무 주제와 관련되어 어떤 책을 선택하여 읽었는지와 그 내용을 one page로 정리하는 것이 커리어 포트폴리오와 PB 개발을 위해 도움이 된다. 이는 단순한 서평이 아니라, 책을 통해서 배웠던 지식과 지혜, 적용했던 사례와 통찰력 있는 질문 등을 기록하는 것이다. 더 나아가서 프레젠테이션 자료를 만들어 다른 사람에게 소개하는 기회를 가지게 되면 깊이 있는 지식을 얻을 수 있다. 우리는 타인을 가르침으로써 더 확실하게 배우고 체화할 수 있기 때문이다.

업무와 주요 일상으로 인해 바쁘기 때문에 대중교통으로 이동하는 등 자투리 시간을 활용하여 커리어 개발을 위한 커리어 포트폴리오와 PB에 대한 아이디어를 메모하고 업데이트 하는 것을 추천한다. 'MS onenote'를 활용하여 장소와 상관없이 메모할 수 있을 뿐만 아니라, 개인의 생각을 사람들과 공유하는 데 관심이 있다면 블로그나 카페 등을 통해서 체계적으로 포트폴리오와 관련된 아이디어를 정리하고 타인들과 공유하는 노력이 자기개발의 완성, PB 개발의 큰 동력이 될 수도 있다.

3. Mission, Goal Tree & Career path

이 주제의 글을 쓰는 목적은 여러 사람들이 개인 정체성(독특한 self design)을 확인/개발하여 조직과 사회에 기여하는 직업인과 전문인이 되도록 구체적인 힌트와 도움을 주기 위함이다. 자신만의 원대한 꿈이 있고 그 꿈을 달성하기 위해서는 자신의 미션 정립과 논리적 사고력, 팀워크, 기본적인 방법론이 선행필요조건(Necessary conditions)이다.

미션은 마치 나침반과 같다고 할 수 있다. 요즘은 내비게이션이 발달되어서 쉽게 목적지를 찾아가지만 과거에는 나침반과 지도가 여행을 위한 필수 아이템이었다. 그것들은 길과 방향감각을 잃어버리지 않게 한다.

논리적 사고력은 이슈의 원인을 확인하여 해결안을 개발할 수 있게 하고, 주요한 기획과 커뮤니케이션과 설득을 위한 기본적인 직무능력이다. 이것이 부족해서 겪는 직무적인 갈등과 낭비가 얼마나 심각한지 우리는 자주 경험한다.

혼자서는 업무를 효과적으로, 효율적으로 할 수 없다. 여러 조직에 있는 사람들 및 고객들과 끊임없는 대화를 통해서 일을 진행하기 때문에 팀을 꾸리고 관리하는 능력은 무시할 수 없는 자질이다. 쉽게 말해 업무, 직업에서 관계를 유지하는 능력이다.

무조건 좋은 관계를 유지하라는 말로 오해하지 않기를 바란다. 이해관계가 있는 팀 및 개인과 일을 하다 보면 수많은 크고 작은 갈등이 발생한다. 그래서 갈등관리 능력도 팀워크를 위한 주요한 요소이다. 팀워크의 중요성은 아무리 강조해도 부족한 것 같다.

갈등관리 능력도 팀워크를 위한 주요한 요소이다.
팀워크의 중요성은 아무리 강조해도 부족하다

한편 방법론은 일을 효율적으로 하기 위한 기법, 수단 등을 말한다. 내가 현대차에서 GM으로 회사를 옮긴 후에 중국에 출장을 자주 가게 되었다. 상하이를 경유하여 중국의 남부 도시, 류조우로 가야 하는데 이때 걸어서 인천항에 도착 후 수영으로 바다를 건너갈 수도 있다. 그렇지만 시간이 많이 소요되는 등 효율이 매우 좋지 못할 것이다. 그래서 우리는 이동수단으로 비행기를 활용한다.

이처럼 'MS 오피스' 내에 있는 '엑셀'이 없었다면, '파워포인트'가 제공되지 않았다면 나는 어떻게 일을 할 수 있을까? 데이터에서 정보와 지식을 추출하고 강의안을 만들어내는 데 엑셀과 파워포인트는 주요 방법론과 수단이 된다.

마찬가지로 개인들, 혹은 팀이 효율적으로 업무를 하는 데에 중요하고 다양한 방법론들이 있다. 문제는 특별한 경우를 제외하고는 그 방법론이 없는 상태로도 일을 진행할 수도 있다는 점이다. 시간 효율성은 물론 결과의 수준이 나쁘지만 어쨌든 일을 마무리할 수는 있기 때문에 방법론과 수단을 사용하지 않는 경우가 많다. 방법론들이 기피되는 다른 이유는 기법들을 배워서 익숙해질 때 까지 시간이 꽤 소요된다는 것이다.

필자의 할머니 묘소 근처에 아름드리 소나무가 있었다. 그 나무의 그늘로 인해 잔디가 잘 자라지 못해서 필자와 동생은 톱을 이용해서 거의 반나절 동안 소나무를 베고, 절단한 나무를 이동시키기 위해 토막을 내고 가지치기 등을 하고 나서 며칠 동안 심한 근육통과 몸살을 앓았다. 만일 전기톱을 사용했더라면 전기톱과 배터리의 이동 등이 조금 번거로웠겠지만 작업이 소요된 시간은 아마도 20분이 채 걸리지 않았을 것이다. 어렸을 적에 부모님을 도와서 벼를 낫으로 베고 볏단을 말려서 보관하다가 탈곡을 했지만 요즘은 콤바인으로 모든 절차가 완료된다. 목적에 맞는 툴과 방법론은 마치 이와 같다.

나는 방법론 전문가이자, 여러 해 동안 수많은 업무를 진행해 왔던 경험자로서 간곡히 부탁하고 싶다. 본인의 업무를 효과적으로, 효율적으로 할 수 있는 방법론과 기법을 익혀서 사용하기 바란다. 테크니컬 스킬 셋은 PB의 주요요소이다.

다양한 방법론 중에 Biz 프로세스 분석과 시각화를 위한 SIPOC과 프로세스 맵, 기술 시스템의 분석 및 시각화를 위한 기능분석, 논리적 사고력 개발을 위한 Tinking process 내에 있는 Goal Tree, CRT, EC, Target Tree, 창의적인 문제해결을 위한 ARIZ와 Red X 등의 기본적인 방법론이 존재한다. 이 밖에도 다양한 방법론들이 있다.

탁월한 업무 성과를 통해서 조직과 사회에 기여하고 동시에 PB 이미지를 개발하는 것은, 기본적이고 중요한 방법론을 배우지 않고서는 불가능하다고 말할 수 있다.

① 미션(Mission)

개인과 조직의 미션은 부여되는 것이다. 독자들은 다양한 수준의 직무(취준생부터 경력 20년 차 이상)경험이 있을 것이라고 생각한다.

먼저 취업준비생들에게는 개인과 사회의 통념이 부여한 미션이 있다. '(좋은) 회사에 취업한다, 경제적으로 독립한다.' 지식과 스킬을 활용하여 자신의 역할을 수행하고 조직의 매출과 수익에 기여한다. '좋은 회사'라는 의미는 개인에 따라 조금씩 다르지만 보편적인 정의가 존재하고 있다.

이후 직장 2~3년 차에 들어서는 직장에서의 성공의 의미를 생각할 수 있는 시기이다. 그렇지만 아주 소수(3% 미만)를 제외하고는 미션과 Goal을 가지고 있지 않다.

이후 직장 10년 차 정도에는 조직의 요구에 매우 민감하게 반응한다. 조직과 리더가 원하는 것을 미션으로 생각하는 시기이다.

20년 차들은 은퇴, 하프 타임 등을 고려하는 시기이다. 조직이 부여하는 미션에 올인할 것인지 개인의 미래를 위한 다른 방향을 고려할 것인지를 선택하는 시점이다.

필자의 시기별 미션을 사례로 소개한다.

대학 3학년 겨울방학에 현대자동차 인턴십을 진행하면서, 부모님과 미래의 나의 가정을 위해서 회사에 취직을 해야 한다는 미션을 가지게 되었다.(25살, 1992년 1월) : 현대 자동차에 취업하여 가정을 돕는다.

직장 3년 차에는 불행하게도 직무에 대한 미션을 가지고 있지 못했다. 입사 후 만 7년이 되면, 현대차를 퇴직하고 학원을 운영할 계획만을 가지고 있었다. 직장생활 중에 가장 아쉬운 시기였다.

직장 10년 차(2003년, 36세)에는 주어진 일을 정말 열심히 했다. '팀과 회사에 기여하는 존재가 되자'는 각오로 동료와 팀장들의 인정을 받고 있었다.

13년 차에 구체적으로 미션에 대해서 생각하게 되었다. 현대차 협력업체의 엔지니어를 교육하고 문제해결을 위한 컨설팅을 진행하면서 나의 강점과 가치에서 느껴지는 효능감 등으로 얼마나 기쁘게 일을 했는지 모른다. '현대차 협력업체 엔지니어들을 교육하고 품질문제 해결과 사전문제예방을 위해 코칭한다' 내 인생의 큰 전환점이었던 것으로 기억한다. 그 이후 나에게 어떤 미션이 주어졌는지 종종 생각한 후 기록하고 업데이트를 했던 기억과 자료를 가지고 있다.

18년 차(2010년)에 팀 리더가 되면서 개인뿐 아니라 회사가 부여한 팀의 미션을 정제하고 확장된 목표를 수립하여 팀원들과 생각을 공유했다. '어려운 기술과 Biz 프로세스의 품질문제를 해결하고 예방하는 전문가 그룹(Engineering Doctor Group)'을 만들고 싶었다.

이 글을 읽는 분들은 조직이 부여하는 업무와 기대사항을 어떻게 달성할 것인가와 어떤 존재가 되어야 하는지에 대한 미션을 생각하고 기록하는 습관을 개발하기 바란다. 그 미션이 직무에 있어서 Goal이 된다. 정량적인 목표수치와 달성할 연도를 표현하면 더 나은 Goal이 될 수 있다.

직업에서 미션과 관련된 Goal Tree를 개발하기 위해서는 소수의 CSF(Critical Success Factor)를 정의하는 것이 필요하다. 우리말로 '핵심성공요소'이다. 정의된 CSF를 충족시키지 않고는 Goal을 달성할 수 없는 상위레벨의 필요 성과를 말한다. 이어서 CSF를 달성하기 위한 선행조건(Necessary Condition)이 필요하다. 보통 줄여서 NC라고 표현하는데, 각각 CSF를 충족시키기 위하여 앞선 시기

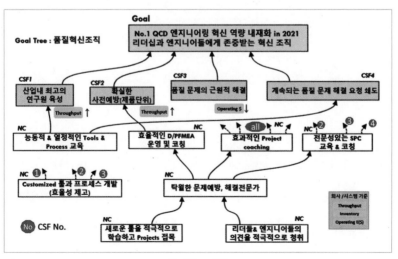

Goal Tree 사계

에 달성해야 하는 보다 구체적이고 정량적인 필수 요소이다. 요약하면, Goal Tree의 요소는 Goal과 소수의 CSF, 그리고 NC 들이다.

2010년에 필자가 작성한 연구소 품질팀의 미션과 관련된 Goal Tree의 요소들이다(아래 테이블).

미션	'어려운 기술 품질문제를 해결하고 예방하는 전문가 그룹(Engineering Doctor Group)'
Goal	GM 내 global No.1 품질문제해결 전문가 그룹이 된다(in 2015)
CSF	숙련된 방법론 전문가를 육성한다. 품질 방법론을 한국 GM에 맞게 커스터마이징한다. 주요한 품질문제를 프로젝트로 선정한다. 리더십과 엔지니어들의 신뢰를 확보한다. 엔지니어들에게 방법론을 효과적으로 교육한다
NC	팀 인원을 충원한다. 현재 팀원을 프로젝트 코칭을 통해서 육성한다. 과제에 자주 사용하는 방법론을 선정한다. 선정된 방법론으로 컨설팅을 진행한다. 각 방법론의 커스터마이징 포인트를 확인한다. 컴팩트한 교재와 실습자료를 개발한다. Core 프로젝트 프로세스를 운영한다. 어려운 문제를 해결한다. 포상제도를 수립/운영한다. 주기적인 리더십 리뷰회의를 운영한다. 방법론의 단과 과정들을 팀원들이 강의한다. 훈련을 위해 팀 내 회의에서 팀원들이 발표/피드백한다.

이와 같이 개인들도 직무와 관련된 미션을 정하고 Goal Tree를 개발하여 NC와 CSF를 달성하기 위해 꾸준히 노력한다면 어느 시점에서는 해당분야에서 독보적인 PB 이미지를 구축할 수 있게 된다. 미션과 Goal Tree는 커리어 패스를 위한 중요한 요소이다.

Golden Career

4. 커리어 포트폴리오의 실제

다음 주제로 커리어 포트폴리오(Career portfolio, 이하 C 포트폴리오)에 대해서 살펴보자.

커리어패스 개발과 관리를 하는 이유는 반복하여 이야기하지만 누구에게나 인정받는 훌륭한 직장인, 자기 분야의 탁월한 전문가가 되기 위한 수단이 되기 때문이다. 개인의 직무 정체성에 맞게 직장생활의 초기에 직무 혹은 회사를 변경하거나 인생의 주요 시점에 전환할 필요는 있지만 기본적으로는 PB 이미지를 완성함으로써 여러 가지 이점(benefits)을 누리기 위해서다. 업무영역에서 자율(autonomy)의 확대, 조직의 인정, 승진과 연봉인상 등 다양하다. 직무 정체성에 의한 변화는 빠를수록 좋다. 30대 초반까지 개인의 성향을 정확히 파악하는 것이 중요하다. 직장생활에는 어려움이 많다. 대부분은 관계의 문제인데, 맡고 있는 업무와 역할과 가치가 개인 성향과 맞다면 어려운 관계의 문제가 있더라도 극복이 가능하다.

PB 이미지를 완성함으로써 누릴 수 있는 이점은
업무영역에서 자율(autonomy)의 확대,
조직의 인정, 승진과 연봉인상 등 다양하다.

커리어 포트폴리오의 주요 항목은 커리어 요약, personal 미션(조직의 미션과 구별하기 위함), 이력 요약(Resume), 상세 이력(CV), 주요 성과, 진행 중인 프로젝트, 사진 등으로 구성될 수 있다. 위에서 정리한 목차 외에 다른 항목을 추가하거나 항목을 변경할 수 있다.

'커리어 요약' 페이지에는 개인의 전문 분야를 요약하여 기록하고 개인의 Technical skill과 personal skill 등을 기록한다. 이 한 장으로 개인의 직무 전문성을 소개한다. 여기서 personal skill은 더 넓은 직업환경에서 보편적으로 사용할 수 있는 능력을 말한다.

예를 들어, 필자의 personal skill은 '프로젝트를 위한 다기능 팀(CFT)의 능숙한 운영'과 '복잡하고 어려운 이슈의 단순화 및 시각화하는 능력, 문제 해결 능력'과 '전문가후보 및 엔지니어들의 훈련, 품질 혁신 조직을 구성하고 개발'하는 것 등이다. 이에 반해 Technical skill은 구체적인 내용과 기법 등을 포함하여 기록한다.

'Personal 미션'은 PB 이미지를 포함하여 개인이 가지고 있는 직무에 대한 책임과 미션을 두세 문장으로 기록한다. 필자의 personal 미션의 문장 하나를 소개하면 '조직이 겪고 있는 난해한 이슈와 Biz 프로세스 문제 해결에 참여하여 솔루션을 얻도록 돕는 코치 겸 조력자'이다.

다음으로는 '이력 요약(Resume)'란이다. 자신의 주요 경력을 one page로 요약하고 연락처를 하단에 기록한다. 필자는 여러 파트너들과 일을 하는데 가끔 경력을 보내달라고 할 때, 이 내용을 복사하여 송부한다.

'상세이력(CV , Curriculum Vitae)'은 상세한 이력 소개서 정도로 이해하면 된다. 앞 페이지에 있는 이력 요약과는 다르게 개인 경력과 관련된 여러 정보를 몇 장에 걸쳐서 기록한다. 필자의 경우는 첫 페이지에 이름과 연락처 및 두세 줄의 전문성 요약과 커리어 정체성(Job Identity) 즉 경쟁력 있고 즐겨 사용하는 전환가능기술, 핵심가치, 선호역할과 관심영역을 기록한다.

두 번째 페이지에는 전문분야를 조금 상세하게 표현하고 자격(증)과 최종 학력 사항을 입력한다. 세 번째 페이지에는 주요 경력을 비교적 상세하게 기록하여 커리어에 대한 정보를 제공한다. 필자의 상세이력의 마지막 페이지에는 품질 문제 해결과 Biz 프로세스 효율화와 커리어 코칭을 위하여 자주 사용하는 주요 방법론이 기록되어 있으며 업데이트하고 있다.

다음에는 '주요성과'를 큰 주제별로 정리한다.

필자의 성과 카테고리는 '복잡하고 난해한 품질 문제 해결 및 프로세스 정립', 'Biz 프로세스의 낭비제거/재설계', '품질 혁신 프로세스 개발' 등의 카테고리로 나눠서 상세한 프로젝트 이름과 성공 경험을 기록해 놓았다. C 포트폴리오 마지막 페이지는 현재 진행 중인 프로젝트를 기록하는 공간으로 현재 활동하고 있는 '킴스퀘어 코칭' 블로그와 고객사와 진행중인 주요 프로젝트 등을 업데이트한다. 한편 진행 중인 프로젝트가 완료된 후에 경력란에 추가하고 좋은 결과를 얻었을 경우 '주요성과' 페이지에 입력하여 C 포트폴리오를 업데이트한다.

생각하고 토론할 주제

1. 주변에서 훌륭한 퍼스널 브랜드(Personal Brand)를 가지고 있는 사람을 본 적이 있는가? 여기에 몇 가지 특징을 기록해 보기 바란다.

2. 커리어 포트폴리오를 가지고 있는가? 없다면 어떻게 개발할 것인가?

3. 현재 직업에서 부여된 당신의 미션은 무엇인가?

4. 저자가 말하고 있는 C 포트폴리오 항목이 중요하다고 생각하는가? 만일 그렇게 생각하지 않는다면 이유는? 추가되어야 할 항목은 어떤 것들이 있는가?

4장

Good engineer (employee)와 커리어 패스

1. Good engineer

아주 오래전에(15년 전쯤) 다음과 같은 질문을 받은 적이 있다. 일본계 미국인 품질 전문가 겸 스승이 했던 질문이었는데 "Are you a good engineer(employee)?"이었다. 질문을 받았을 때, good engineer라는 정의를 몰랐기 때문에 대답을 못 한 것으로 기억한다. 일을 열심히 하는 엔지니어인가? 라고 질문했다면 아마도 "네(yes)"라고 답변했을 것이다.

Good이라는 영어 단어의 의미는 착한, 훌륭한, 좋은 등의 의미로 이해되는데 어떤 직무 및 역할과 관련되어서 사용되는 경우는 다양한 의미가 포함되는 것을 알 수 있다. Employee와 manager 또는 leader에 good이라는 단어가 사용되는 경우는 정직과 책임감, 문제해결 능력, 명확한 Career goal과 plan, 갈등조정자, 긍정적인 태도, 팀워크, 소통능력(논리적 사고 능력), 질문 능력, 문제의 단순화 등의 자질과 능력이 포함될 수 있다.

good engineer는 정직과 책임감, 문제해결 능력, 명확한 Career goal과 plan, 갈등조정자, 긍정적인 태도, 팀워크, 소통능력(논리적 사고 능력), 질문 능력, 문제의 단순화 등의 자질과 능력을 소유하고 있다.

이 장에서는 우리가 일하는 이유와 일을 잘하는 employee에 대해서 나눠보고 싶다. 커리어 패스 계획, 준비와 실행을 함에 있어서, 개인에게 주어진 일을 성실히 감당하지 않고 어떻게 커리어 패스를 논할 수 있겠는가?

엔지니어의 일반적인 정의는 기술 또는 공학의 요소들을 실행하는 직무를 하는 사람으로서 발명, 설계, 분석, 제조, 기계, 장비, 복잡한 시스템, 구조 재료 등을 만들고 시험하는 직무를 수행한다.

이때, 엔지니어들은 현실성, 법규, 안전과 비용의 제한과 제약을 고려하여 기능적 목표를 달성하는 업무를 수행한다. 현실에 대한 적용 가능성을 무엇보다 더 중요하게 고려하기 때문에 제한 요건들의 범위 안에서 설계하고 시험하고 개발한다는 점에서 과학자와 구별된다.

이 정의는 주로 기술적(공학적) 업무를 담당하는 엔지니어를 정의하는 말이지만 모든 직무 프로세스 엔지니어를 포괄하는 광의의 정의로 사용될 수 있다. 회사 내의 모든 직무에서 일하는 직원을 포함하는 정의다. 직원이라는 의미는 단순하게 고용된 사람의 의미로서 커리어 패스를 다루는 데 적합하지 않기 때문에 엔지니어라는 단어를 사용하고 싶지만, 그 단어에 대한 보편적인 정의가 협소하기 때문에 employee라는 단어를 겸하여 사용할 예정이다.

2. Good engineer(employee)의 정의

'Good'이라는 수식어는 엔지니어 또는 업무수행과 함께 사용될 때에는 '효과적이고 효율적으로 업무를 수행하는'이라는 의미로 번역하는 것이 타당하다. 이 글에서는 Good engineer에 대해서 업무 성과, 관계, 자기개발이라는 세 가지 차원에서 정의해 보고자 한다.

회사가 엔지니어를 고용하고 각 부문에 배치하는 까닭은 업무수행을 통해 필요한 성과를 내고 조직에 기여하도록 하기 위해서다. 업무 성과를 위한 good engineer(employee)의 자질은 핵심파악 능력, 분석 및 시각화 능력, 소통능력, 기한 내 완료, 방법론의 사용 능력(효율적 업무 수행) 등이다.

핵심파악 능력이란 할당된 업무에서 무엇이 중요한가, 혹은 그렇지 않은가를 분별하는 능력이다. 이는 직무에서 연차와 직책이 높아질수록 중요해지는 요건이다. 그만큼 수많은 일과 분류되어 있지 않은 정보들이 쏟아지고 주어지기 때문에 업무와 이슈의 본질을 파악하고 단순화하는 능력이 중요하다.

분석 및 시각화 능력은 주로 글과 언어로 상사 또는 연관된 팀과 데이터와 정보와 요청사항 등을 서로 주고받기 때문에 중요한 능력이다. 이는 앞에서 이야기한 핵심파악 능력과도 연관되어 있다. 직관적으로 자료를 확인할 수 있다면 이해관계가 상충하는 조직과의 불필요한 마찰을 줄이고 업무와 이슈의 결과를 더 쉽게 도출해낼 수 있다.

소통능력은 쉽게 말해 논리적 사고력을 말한다. 회사 내 직무, 업무수행을 위해서 회의와 보고를 자주 하게 되어 있다. 회의에서 자신의 의견을 표출할 때 기승전결을 일목요연하게 정리해서 발표 혹은 토론할 수 있는 능력이 중요하다. 기획보고서, 문제 해결 보고서 등을 조직의 리더에게 보고할 때에도 정의와 목적, 측정과 분석, 결론 등의 단계로 논리적인 동시에 장황하지 않고 요약하여 보고할 수 있어야 한다.

> 소통능력은 쉽게 말해 논리적 사고력을 말한다. 보고 또는 회의에서
> 자신의 의견을 표출할 때 기승전결을 일목요연하게 정리해서 발표
> 혹은 토론할 수 있는 능력이 중요하다.

업무의 완료 시점을 지키기 위해서 시간 관리 능력도 필요하다. 예를 들어, 업무를 시작한 시점이 4월 15일이고 같은 해 6월 15일이 완료 목표 시점이라면 업무의 중간목표와 중요 단계를 계획하고 리더와 리뷰를한다. 이 단계에서 업무를 위한 지원과 방법에 대한 지혜를 얻고 필요하다면 업무 완료 일정을 조정할 수 있다. 약 두 달간이 소요되는 업무라면 일주일 정도 업무를 파악하고 정의하여 방향성과 계획에 대해서 관련인과 리더와 함께 리뷰한다. 완료 목표 10일 이전에 리더에게 진행 상황을 보고하여 진행 중간 결과를 점검받는 것이 좋다.

업무 또는 프로젝트의 '기한 내 완료'는 두말할 나위가 없다. 목표 일정을 준수하는 것은 매우 중요하지만, 다른 업무가 추가되거나 여러 원인으로 조정이 불가피하다면 초기 완료 목표일보다 일주일 이전에 리더와 논의 후 일정 조정을 허락받아야 한다.

한편 업무 성과를 내는 관점에서 효율성을 간과할 수 없다. 노력 또는 시간 대비, 얻는 결과의 비율로 효율을 정의하는데, 이를 위해서 방법론을 선택하여 사용할 수 있는 능력이 요구된다. 필자가 A 자동차에서 새로운 품질 방법론을 강의하고 코칭한 후에 그 결과를 여러 명의 리더들에게 보고하는 행사를 매년 진행할 때 들었던 한 리더의 답변이 기억이 난다. "우리는 지금까지 참 무식하게 일을 해 왔다." 왜 이제서야 이러한 방법론들을 적용하는 가' 라는 의미로 나는 이해했다.

여러 가지 방법론들이 차고 넘친다. 본인의 업무에서 자주 사용할 수 있는 방법론을 배우고 익혀서 활용한다면 업무 결과의 품질뿐만 아니라 업무의 효율성을 배가시킬 수 있고 본인의 커리어 패스에 상당한 효과를 얻을 수 있다. 나의 아들에게도 가르치고 있는 커리어 패스 요소이기도 하다.

Good engineer(employee)의 요건 중, 관계란 팀 내 동료, 후배와 리더십과의 관계 및 업무 파트너들과의 관계를 의미한다. 조직 내에서 좋은 관계를 유지하는 것은 어려운 일이다. 수많은 갈등 요인이 있기 때문에 인사고과와 승진 시기에는 예민해지기도 하고 평소에 업무 피드백으로 인해 심적인 갈등, 동료들에게 느끼는 압력(Peer pressure)을 겪기도 한다. 어쩌면 갈등은 당연하기 때문에 갈등 예방과 함께 어떻게 그 갈등을 관리하고 해결할 것인가를 고민하는 것이 관계의 기본이라고 생각한다.

관계를 위해 몇 가지만 짚고 간다면, 먼저 기초 질서를 지키는 것이 중요하다. 업무를 시작하는 시간보다 최소한 20분 정도 일찍 사무실과 현장에 도착해서 동료와 리더에게 인사를 한다. 인사하는 것은 아부도 굴욕도 아니다. 후배들에게도 먼저 인사하기를 권한다. 또한 퇴근 시간이 되기 전부터 컴퓨터를 끄고 자리를 정돈하는 것은 보기에 좋은 장면은 아닌 것 같다. 업무 시간이 종료된 후에 책상을 정돈하고 수고했다는 인사와 함께 남아서 잔업을 진행하는 사람들에게 먼저 퇴근하겠다는 인사를 하고 퇴근한다.

업무 진행시간에 자주 커피를 마시거나 업무 외에 이야기를 오래 나누는 것은 지양하고 점심시간을 잘 지키는 것도 기초 질서에 포함된다. 일이 없는데 리더의 눈치를 보고 정시에 퇴근하지 못하는 것은 바람직하지 못하다. 동료가 일이 많아서 자신보다 평균적으로 잔업하는 시간이 많다면 일을 도와주겠다고 제안하는 것은 좋은 덕목이다.

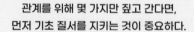

> 관계를 위해 몇 가지만 짚고 간다면,
> 먼저 기초 질서를 지키는 것이 중요하다.

리더와의 좋은 관계를 유지하기 위해서는 업무 시간에 집중하고 업무지시에 대한 명확한 이해를 위한 질문과, 진행 사항을 피드백한다. 도움이 필요한 경우에는 도움을 받아야 할 내용을 요약 정리해서 요청하는 것과 기한 내 업무를 완료한다. 최종 보고 전에 진행 중 보고를 통해 리더의 기대사항을 충족하는지 점검하고 필요시 조정 또는 추가하는 것 등이 필요하다.

상사와의 불편한 감정이 생기는 것은 병가지상사다. 자주 있는 일이다. 문제는 어떻게 해결할 것인가인데, 내가 지혜가 부족했을 때는 여러 팀원이 보는 앞에서 리더에게 불만을 강하게 표현했던 적이 몇 번 있었다. 문제 해결에 도움이 되기는커녕, 오히려 관계가 더욱 악화되었다. 시간이 흘러서 다른 방안을 고안했다. 불편한 말과 행동, 지시에 대해서는 조금 참고 있다가, 팀장에게 커피 한 잔을 함께 마시겠냐고 묻고, 조용한 회의실에서 완곡하게 마음의 감정을 표현하고 그의 의견을 경청한다. 상당한 효과를 봤던 방법이다. 내가 팀장으로 일할 때에 팀원들에게 권유했던 방법이기도 하다. 이른바 리더와의 갈등 관리다.

동료와 후배와의 좋은 관계를 위해서는 그들의 질문과 도움 요청에 친절하게 답변하고 도와주는 것과 더 나아가 적극적으로 본인의 도움이 필요한 것이 없는지를 물어보고 협력하는 것이 필요하다. 한 가지만 더하자면 동료와 후배가 하기 싫은 일을 먼저 하는 것이다. 프린터 토너 교체, 쓰레기 버리는 일, 화분에 물 주기 등. 마음을 열고 하는 허드렛일은 직장에서 자신과 동료들을 기쁘게 하는 사이드 메뉴가 될 수 있다.

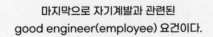

**마지막으로 자기계발과 관련된
good engineer(employee) 요건이다.**

마지막으로 자기계발과 관련된 good engineer(employee) 요건이다.

이 글을 쓰는 목적 중 하나가 좋은 커리어 패스를 계획 및 준비하고 실행하는데 도움을 주는 것이다. 여기에서 빠질 수 없는 것이 자기의 전문성의 깊이를 더하거나 직무의 넓이를 키우는 것이다. 필자는 종종 후배들에게 일 년에 두 번, 상반기가 끝난 7월 초와 하반기가 끝난 다음 해 1월 중에 반기별 본인이 세웠던 자기개발 계획과 결과를 비교하도록 권유하고 나 스스로 그렇게 하려고 노력했다. 직장생활을 하는 동안 나를 가장 어렵게 했던 것 중에 하나는 내가 발전하지 못하는 모습이었다. 반기별 혹은 연간에 나의 지식과 경험이 성장하지 못했다는 생각이 들 때 정서적으로 힘들었던 기억이 있다.

Pugh for Professionalism Criteria	DATUM (Mr.T)	Mr. IK (2002~2010)	Mr. Yo (2008~2009)	Mr. Kim (2008~2009)	Mr. Lee (2002~2005)	Best in Korea (2015)	Jake in 2002	Jake in 2006	Jake in 2010	Jake in 2015	Jake in 2018
Robust Eng.	·	·	·			·	· (10%)	· (30%)	· (60%)	· (70%)	· (70%)
TRIZ	+	S	S			S(+)	S	+	++	++ (80% Iko.)	++
GD Cube (General Eng.)	S	+	S			S(+)	S	S	+	+ (50% Yos.)	+
TOC										S	++
TA	S	S	+			S(+)	S	+	+	++ (+ CS)	++
Adaptability to any issue	·	+	·			·	·	·	-	++	++
Own Theo. Model	S	S	·			·	·	·	·	- (50% average)	S
Name Value	·	S	··			··	···	···	···	···	···
English(Language)											
Σ +		1	2	1		0(3)	0	2	4	8	9
Σ -		3	1	5		5	-6	6	6	5	4
Σ S		3	4	2		3(0)	3	1	0	1	0
(Σ +) - (Σ -)		-2	+1	-4		-5(-2)	-6	-4	-2	3	+5

반기별 자기개발 계획과 결과 비교자료

5장

독서 셀프 코칭과 전문성 향상

1. 직무적합성과 독서

이번 장에서는 독서를 통해 지식을 얻는 것과 스스로 커리어 코칭을 할 수 있는 독서법에 대해서 알아보고자 한다. 이어서 책을 읽고 난 후 독서 노트를 쓰는 법에 대해서 살펴보려고 한다.

아래는 자신이 지금 하고 있는 일에 대한 직무 적합성 수준 평가 기준이다.

수준1	직업 적합성의 가장 낮은 수준은 자신의 일을 그저 '일거리'로만 보는 것이다. 수준 1의 경우 직무가 급여는 제공하지만 즐거움이나 만족감은 거의 주지 못한다. 대부분의 사람은 이런 상황을 빨리 탈출하고 싶어 한다.
수준2	흥미 있는 '괜찮은 일'이다. 많은 사람이 이 수준에 멈추어 있다. 어느 정도 불만을 갖고 있지만, 변화를 일으키고 싶을 만큼 불만족스럽지는 않은 것이다.
수준3	만족스럽게 할 수 있는 '즐거운 일'을 하고 있는 상태다. 하지만 일단 그 일에서 경쟁력을 획득하고 나면 좀 더 의미 있는 다른 일을 하고 싶어진다.

수준4	'의미 있는 일'인데 이 단계의 사람들은 자신이 중요한 목적을 성취하는 데 기여하고 있다거나 무엇인가를 환원하고(giving something back) 있다고 느낀다. 사람들은 자신이 가진 기술에 적합한 일을 하고 있지만, 조직의 사명을 통해 가장 강하게 동기를 부여받는다.
수준5	수준5는 통합이다. 가장 높은 수준에 이르렀을 때 일은 그 사람의 존재를 표현한다.

출처: 도서 소명찾기 / IVP

일의 세계에서 통합을 성취한 사람들은 자기 본연의 모습으로 존재함으로써 생계를 위한 수입을 얻는 것처럼 보인다. 그들의 인격적 정체성은 일의 정체성과 통합되어 있다. 사람들은 자신의 일에 대한 열정을 가지고 더 나은 기회와 전문적 성장을 추구하는 방향으로 인생의 선택을 해 나간다.

필자가 커리어 패스를 설명하고 이 글을 읽는 직업인/전문인들에게 기대하는 수준은 수준 4와 5이다. 수준 5는 탁월하고 훌륭한 PB 이미지를 소유한 개인이다.

수준 5 : 수준5는 통합이다
일은 그 사람의 존재를 표현한다.

    일을 잘하는 방법과 관련하여 독서에 대해서 나누고자 한다.
먼저 책을 읽는 것이 우리에게 어떤 유익을 주는지를 살펴보자.

- 핵심을 파악할 수 있는 능력을 개발한다.
- 평생의 파트너 겸 코치를 항상 옆에 둘 수 있다.
- 비전을 실현할 수 있는 아이디어를 얻게 한다.
- 우리가 처한 문제를 객관적으로 바라보게 된다.
- 지식을 얻게 한다.
- 지식과 통찰력을 얻는 속도가 빨라진다.
- 지혜와 통찰력을 얻게 한다.
- 저자(지식/ 지혜의 보고)와의 대화를 할 수 있다.

- 사고력과 논리력이 향상된다.

- 어휘력과 표현방법이 다양해진다.

- 상상력이 풍부해진다.

- 세상을 바라보는 안목이 생성되고 커진다.

- 글을 쓰는 재주가 발달한다.

- 지적인 욕구에 대한 만족을 얻는다.

- 기타

    그 밖에도 직장인들, 엔지니어들이 업무를 효과적으로 잘할 수 있는 능력을 개발할 수 있다. 앞 장에서 언급한 것 같이 자신의 분야에서 탁월한 성과를 내는 것이 커리어 패스의 첩경임을 기억했으면 한다.

2. 효과적인 독서법

    이제 효과적인 독서법 몇 가지를 소개하고자 한다. 먼저, 교보문고에 제안한 ST2AR 독서법이다.

1. **Seek & Plan** : 관심 분야를 찾고 독서 계획하기

2. **Think about the Structure** : 책의 구조 생각하기

3. **Think about the meaning** : 의미 생각하기.
   이 단계는 다음과 같은 세부 방법론을 가진다.

질문하기

- 책의 주제는 무엇인가?

- 얻은 새로운 정보는 무엇인가?

- 저자의 의견에 동의하는가? 반대하는가?

- 이 책의 의의(중요성과 가치)는 무엇인가?

- 얻은 정보와 지식을 어떻게 활용할 수 있는가?

설명하기

- "지금 너의 생각을 너의 할머니에게 설명해 준다고 생각하고
  다시 발표해 봐라"(미국 대학교수들)

- 인상 깊었던 부분을 집중적으로 반복해서 읽고 자기 표현
  으로 말하는 연습

메모하기

- 중요한 부분에 밑줄, 형광펜으로 표시
- 여백 또는 메모지에 생각나는 것과 질문을 기록한다.
- 책을 다 읽은 후에 종합 요약 메모 필요

비평하기

- 질문을 던지고 논리적으로 반박할 수 있어야,
  배우기 위한 비평이 된다.
- 저자의 지식이 부족한 곳을 찾아 제시하라
- 저자의 지식의 오류를 찾아라
- 비논리적, 논리가 부족한 것을 찾아라
- 저자의 분석이나 설명이 부족한 곳을 제시하라

4. Apply it to me : 내 삶에 적용하기

5. Reflect on it : 성찰하기

두 번째는 미국 심리학자 Robinson이 제안한 SQ3RI 독서법이다.

1. Survey : 훑어보기

2. Question : 질문하기

3. Read : 꼼꼼히 읽기

4. Recite : 중요 내용 되새기기(반복, 자기 언어로 설명)

5. Review : 재검토하기

6. Incorporate ideas : 도서 리뷰/토론을 위한
논제 선정 및 논점의 구체화

마지막 세 번째 독서법은 도서 『성공하는 사람들의 독서습관』에 나오는 꿈을 이루어 주는 7가지 독서법이다.

1. 주제와 목적을 가지고 읽는다.

2. 출력을 전제로 읽는다(출력에는 이야기하기, 쓰기, 행동하

   기, 뭔가를 바꾸기, 오늘부터 활용하기 등이 있다).

3. 20대 80 원칙으로 중요한 20%를 찾아 읽는다.

4. 적극적으로(화학적 반응*) 읽는다.

5. 반복하여 읽는다.

6. 사고유형을 바꾸기 위해 읽는다.

7. 자신과 오버랩하여 읽는다.

----

* 독서에 있어 화학적 반응이란 두 물질이 화학적 반응을 일으켜 새로운 물질로 변화하는 것처럼 독자가 가지고 있는 지식과 독서 중에 얻었던 정보를 결합하여 새로운 지식을 창출할 수 있도록 독서를 적극적으로 한다는 의미를 담고 있다.

직무를 잘할 수 있는 방법에 한하여 위에서 소개한 세 가지 독서법에 있는 몇 가지 공통점과 중요 포인트에 대해서 나누고자 한다.

첫째는 목적이 있는 독서다. 알고 싶은 어떤 주제와 관련된 책을 선정하여 읽는다.

둘째는 책 전체를 수동적으로 읽는 것보다는 중요한 부분을 선정하여, 적극적으로 책을 읽는다.

셋째는 본인이 책을 통해서 알고 싶은 내용을 질문하며 메모하고 답을 창조해 간다.

마지막으로 책의 핵심을 반복하여 읽고 내용을 업무 또는 삶에 적용한다.

우리가 나누는 주제가 커리어 패스인 만큼, 본인의 역량과 경험과 이론 지식을 개발하고 그 내용을 정리, 활용, 전달하기 위한 독서는 매우 효과적인 자기 개발 방법이다. 탁월한 커리어 패스와 PB 이미지를 개발하길 원하는 엔지니어/직업인, 전문인들은 책을 가까이하고 자신에게 효과적인 독서법을 찾거나 개발할 필요가 있다. 한편 3부에 소개 예정인 마인드맵과 통합하여 배워야 할 역량과 지식이라는 범주, 관련된 도서와 도서 외 다른 source, 질문 등을 마인드맵 SW에 정리하고 계획을 수립하여 실행해 갈 수 있다.

3. 독서 노트(Reading notes)를 기록하는 목적과 방법

'책의 주된 아이디어와 핵심 내용을 파악하는 방법'과 관련하여 책을 읽는 중 또는 독서 후에 노트하는 방법과 유익한 점에 대해서 살펴보자.

나는 대학 시절에 예습의 중요성을 실감했다. 강의를 듣기 전 5분 정도의 시간을 투자하여 수업 내 학습 분량의 본문을 살펴서 새로운 용어의 정의를 이해하고 수업에 참여했다. 예습을 하는 것과 그렇지 않은 것은 큰 차이가 난다. 교수님들의 강의가 얼마나 잘 이해가 되었던지… 예습을 하지 않았던 대학 1, 2년과 예습을 중요하게 여기며 실천했던 3, 4학년의 학점의 차이가 컸다. 취업에 대한 압박 등으로 수업을 듣는 태도에도 상당한 차이가 있었던 기억이 있다.

독서도 마찬가지이다. 책을 정독하기 전에 먼저 목차와 장

(chapter)을 가볍게 읽어보는 것이 중요하다. 소제목과 글자체, 그림 등을 통해서 각 장(chapter)의 주된 아이디어와 개념이 무엇인가를 대략적으로 감지하고 이후에 정독하게 되면 습득하는 정보의 양과 깊이가 달라진다.

정보를 얻기 위한 좋은 원칙 중에 하나가 KWL이다.

K : what I Know;
주제와 관련되어 책을 읽기 전에 이미 알고 있는 것들은 무엇인가?

W : what I Want to know;
독서를 통해서 알고 싶은 내용, 주제, 정보는 무엇인가?

L : what I have Learned;
책을 읽고 나서 얻은 지식은 무엇인가?

이 세 가지 원칙을 가지고 기대하며 독서할 때 더 유익하리라 생각한다. 동시에 책의 주제와 관련된 좋은 질문과 솔직한 질문을 메모해 놓고 독서하기를 권한다.

이제 독서노트가 주는 유용한 혜택을 알아보자.

• 텍스트에서 얻은 정보와 개인의 아이디어를 개별, 통합하여

정리할 수 있음

- 독서에 집중할 수 있고 저자와 가상 토론(강의)에 참여
- 읽는 중에 꾸준히 기록함으로써 미래 필요한 상황이 발행했을 때, 쉽게 찾을 수 있음
- 읽는 중에 비판적 사고(critical thinking)를 할 수 있음
- 텍스트에서 결론을 도출할 수 있고 주된 아이디어를 확인함
- 수업을 위한 좋은 예습이 되고 강의를 위한 기초자료가 됨
- 추가 학습과 프로젝트 수행을 위한 견실한 자료를 보유하게 됨

독서 노트를 기록하는 방법에는 여러 가지가 있는데, 여기서는 세 가지를 알아보고자 한다.

방법 1 **일정 본문**(문단 또는 1~2페이지)**을 읽은 후에 기억하여 기록하는 방법**

본문에 기록된 주 요점에 초점을 맞출 수 있음. 책의 문장을 다시 보지 않고 요점들로 요약하고(Key word, key phrase) 이후에 생각하며 상세한 사항을 기록한다. 필요시에 본문을 다시 읽고 정정하거나 상세한 내용을 추가한다. 이 방법은 시간이 많이 소요되나 독서의 더 완전한 이해를 위해 충분한 가치가 있다.

방법 2 **책 본문에 직접 기록하는 방법**

펜이나 연필을 이용하여 간단하게 기록한다. 핵심단어와 핵심 구절에 밑줄을 긋고 동그라미 또는 강조 표시를 한다. 여백에 자신만의 표현으로 심볼을 사용하여 축약 또는 요약한다.

방법 3 Cornell style notes

별도의 종이에 페이지를 3~4부분으로 나누어 질문과 요약 그리고 생각을 정리한다. 하단에는 전체 페이지(또는 Chapter)를 요약한다.

독서 노트에 대해서 정리해 보면, 필자는 독서를 할 때 방법 2를 실천한다. '시간이 덜 소요되고 쉽게 기록할 수 있다'는 장점이 있기 때문에 추천한다. 한편 독서가 끝난 후에는 방법 3과 같이 별도 양식을 이용하여 본문에 기록된 내용 중에서 핵심 사항만을 몇 페이지에 요약하는 것이 좋다.

독서 노트 방법을 하나 더 추가하면 책 전체를 개인의 언어로 one pager 또는 two pager로 정리하는 것이다. 주요한 질문, 핵심 단어와 구 그리고 본인의 생각을 정리한다. 이 내용은 본인의 필요에 따라, 강의, 발표, 책 리뷰와 career portfolio의 '첨부문서; 읽었던 책'에 포함할 수 있다.

본인의 커리어 개발과 관련하여, tech leader로서 직무와 관련된 전문서적, people leader로서 인문학적 소양과 경영에 도움이 되는 양서를 읽고 독서 노트를 기록하는 것은 매우 유익할 것이다.

생각하고 토론할 주제

1   Are you a good Engineer(Employee)?/
Are you a good Manager?

2   당신이 생각하는 Good Engineer(Employee)
또는 Good Manager의 의미는 무엇인가?

3   독서가 어떻게 커리어 개발과 업무에 도움이
된다고 생각하는가?

4   당신이 사용하고 있는 효과적인 독서법이 있다면
아래에 기록하라. 없다면 이 책에 나온 독서방법 중에
가장 적합한 방법을 선택하고 그 이유를 기록하라

MEMO

Golden
Career

2부

커뮤니케이션과 논리적 사고력의 개발

1장

커뮤니케이션의
중요성

리더와 엔지니어(직원) 사이, 엔지니어들 사이의 명확한 커뮤니케이션은 상호 간의 신뢰를 형성하는 요소이다. 이는 사기(morale)를 증대하여 조직의 전반적인 업무 생산성의 향상을 가져온다. 개인에게는 부정적인 생각보다 조직에 대한 긍정적인 생각으로 주어진 과업에 집중할 수 있게 한다.

> **명확한 커뮤니케이션은 상호 간의 신뢰를 형성하는 요소이다.**

조직에서 커뮤니케이션의 문제를 일으키는 요소들이 있다.

개인의 부정적인 성향과 태도; 이것은 제대로 다루어지지 않으면 팀워크나 개인의 업무를 방해하는 요소가 된다. 이를 해결하기 위한 전략적인 방법과 노력이 필요하다.

동기 부족: 동기가 부족한 직원들은 직무와 관련된 모든 커뮤

니케이션에 대해서 수동적인 자세로 대응한다.

기록/경청의 기술 부족: 다양한 정보를 비교적 짧은 시간에 주고받기 때문에 듣는 기술과 기록하는 스킬이 부족하면 커뮤니케이션 에러 또는 낭비가 발생하곤 한다.

커뮤니케이션의 에러/낭비는 다른 문제의 원인이 되기도 한다. 나는 여러 Biz 프로세스 컨설팅을 진행하면서 커뮤니케이션 낭비로 인한 많은 문제점을 경험하고 있다. Good engineer(employee)의 특징 중의 하나가 직무 커뮤니케이션을 잘한다는 것이다. 업무를 주고받는 이해관계의 팀뿐만 아니라, 지시를 받고 업무를 수행하고 보고 하는 리더십과 커뮤니케이션을 효과적으로 한다.

먼저 자신의 업무 결과를 입력으로 받아서 일하는 상대 팀(내부고객)에게는 자신의 업무 결과에 대한 피드백을 요청한다. 사전에 상대팀에게 요구사항을 확인하여 업무를 진행하는 것이 효율 측면에서 훨씬 낫다. 왜냐하면 다음 단계의 입력 내용이 불충분하거나 품질이 좋지 못할 때 다시 요청을 하는 경우가 대부분이며 이런 경우, 관계와 업무 효율성을 해치는 불편과 마찰을 유발하기 때문이다.

GM에서 설계팀과 경쟁 차량 BM(Benchmark)을 담당하는 팀의 사례이다. 설계자는 BM 결과를 받아서 원가와 중량에 관한 목표를 수립하고 보고서를 작성한다. 그런데 BM 팀에서 보내주는 자료의 50%만이 유효하기 때문에 설계자들이 불만을 표현하며, 다시 BM 룸에서 자료 조사와 사진을 촬영하고 무게를 측정하는 일이 빈번했었다. 만일 이 작업을 위한 커뮤니케이션이 원활했다면, 상당한 낭비를 줄일 수 있었던 사례이다.

참고로 위 문제는 필자의 팀 전문가가 프로세스를 분석 후 재설계하여 문제가 원만하게 해결되었다. 굳이 필자와 같은 품질 방법론 전문가가 프로세스를 분석할 만한 복잡한 이슈가 아니었다. BM 엔지니어들이 적극적으로 설계자들에게 피드백과 요청사항을 받았더라면 어렵지 않게 해결될 수 있는 사안이었다.

이렇게 질문할 수 있다. 피곤하게, 후속 팀의 요청사항을 다 들어주라는 말인가? 아니다. 그럴 수는 없다. 단 충분히 논의 후에 우선순위가 높은 항목 중심으로, 협조하게 되면 서로 Win Win 할 수 있다.

PM(Program Management)과 설계자에게도 많은 커뮤니케이션 문제가 있었다. PM 담당자는 설계자에게 상당한 불만이 있었고, 설계자들은 그렇지 않아도 늘 바쁜 업무로 시달리고 있는데, 여러 팀에서 자주 데이터를 요청하기 때문에 대응하는 게 힘들다는 것이었다. 나도 8년 동안 설계 직무를 수행했던 바로는 설계자들은 바쁘고 할 일이 너무 많다. 이런 경우에는 주로 다양한 데이터를 요청하는 PM이 필요한 양식을 만들어서 설계자에게 제공하면 설계자는 설계도(math data)가 완성되거나 수정되었을 때 양식에 입력 또는 업데이트를 한다, 데이터의 요청이 왔을 때, 해당 부분만 복사에서 송부할 수 있다. 커뮤니케이션의 중요성을 이해하고 잘하기 위한 아이디어를 찾는 것이 필요하다는 것을 보여주는 사례이다.

Good engineer의 특징 중의 하나는 논리적인 근거와 타당성이 있는 경우 상대방의 의견에 기꺼이 설득을 당하려는 자세를 견지하고 있다는 점이다. 이런 파트너와 일을 할 때, 우리는 에너지를 얻고 좋은 영향을 받는다.

> Good engineer의 특징 중의 하나는
> 논리적인 근거와 타당성이 있는 경우 상대편의 의견에 기꺼이 설득을
> 당하려는 자세를 견지하고 있다는 점이다.

나는 앞 단계 직무의 고객으로서 만족하고 있는가? 개인의 주요 업무를 분석한 후에 앞 단계에서 제공한 입력물이 후속 업무 담당자로서 만족스러운가를 평가한다. 만족스럽지 못하다면, 무엇이 문제인가와 어떤 요구사항을 정리해서 보내야 하는지를 정리해 보기를 바란다. 만일, 요청한 요구사항대로 입력물을 받을 수 있다면 업무 효율성이 어느 정도 개선될 수 있는지를 추정해 보라.

나의 후속 직무 담당자는 만족하고 있는가? 이제 Supplier(SIPOC 에서 Supplier, 프로세스에 입력물을 제공하는 팀 혹은 개인)로서 개인의 후속 단계의 담당자가 본인이 제공한 결과물에 만족하고 있는가에 대해서 평가를 부탁해 보라. 혹시 업무 요청을 받은 적이 있는가? 있었다면 어떤 내용이고 요청사항을 만족시켰는가? 만일 그런 후속 팀에게 피드백을 요청한 적이 없었다면, 요청할 계획이 있는가?

직무 커뮤니케이션을 잘하는 것은 갈등을 예방할 수 있고, 현존하는 갈등을 제대로 관리 또는 해소할 수 있다. 더 나아가 직무 효율성을 상당하게 개선할 수 있기 때문에 그 중요성을 이해하고 조직이나 개인에 의해서 커뮤니케이션 원칙을 수립하기를 당부한다.

생각하고 토론할 주제

1
커뮤니케이션이 잘되지 않아서 어려움을 겪었던
경험이 있는가? 있다면 1~2가지를 기록하고 문제의 원인은
무엇이었는가?

2
이해관계가 있는 팀과 업무적인 대화/회의를 할 때
가장 어려운 점은 무엇인가?

3
"Good engineer의 특징 중 하나는 논리적인 근거와
타당성이 있는 경우 상대편의 의견에 기꺼이 설득을 당하려는
자세를 견지하고 있다는 거다."라는 저자의 말에 공감하는가?
공감하지 않는다면 왜 그런가?

2장

시스템 최적화
(TOC, Theory of Constraints)

1. 시스템 최적화(TOC, Theory of Constraints)

커뮤니케이션을 방해하는 최대의 적은 부분 최적화다. 관련된 업무를 진행하는 조직(팀, 실, 사업부)이 서로 경쟁하는 경우이다. 이는 전적으로 상위 리더의 책임이다. 한 조직이 어느 정도 협력하고 타협하려고 해도 상대 팀이 지나치게 자기 주장을 고집하는 경우는 해결할 수 없기에 상위 리더십에 의해서 조율되어야 한다.

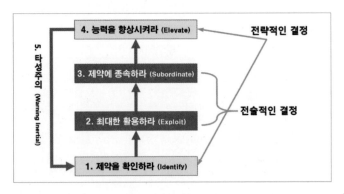

TOC의 다섯 가지 핵심 원칙

나는 TOC(Theory of Constraints) 핵심 전제와 다섯 가지 핵심 원칙을 100% 지지한다. 1단계는 제약을 찾고, 2단계는 그 제약단계가 최대한 활용될 수 있게 하고, 3단계는 다른 비제약단계와 조직이 제약인 단계와 조직의 업무 수행에 힘을 다해 지원하는 것이다.

TOC의 핵심 가정은 부분 최적의 합이 전체 시스템의 최적은 아니라는 점이다. 부분의 효율성에만 초점을 맞추는 것은 조직의 목표를 달성하는 데 오히려 방해가 된다. 조직의 리더와 엔지니어들이 이를 받아들이고 행동한다면 회사 전반의 업무의 효율성이 상당한 수준으로 성과가 향상되지 않을까? 성과가 크게 될 것이다.

한국GM에서 겪었던 하나의 사례가 있다. 새롭게 서브 시스템 FMEA(FMEA: Failure Mode Effect Analysis, 품질문제 예방 방법론)를 추진하려고 준비 중이었다. 이 업무로 인해 설계자들의 느낄 부담을 내가 걱정하고 있었는데 Validation(시험)을 담당하고 있던 한 임원이 본인의 조직에서 협력업체와 관련된 FMEA 업무를 담당하겠다고 손을 드는 모습을 보고 기뻤다. 시스템 최적화, 전체 최적화가 무엇인가를 아는 분이라는 생각을 했다. 그분은 본인의 조직 (시험팀)이 협력업체의 시험 항목과 일정을 관리하고 결과에 대한 회의를 주도적으로 하기 때문에 손을 들었던 것이다. 협력업체의 품질을 가이드하고 FMEA 관리를 통하여 확보하는 역할에 자원할 수 있었다고 나는 생각한다. 회사 내외 업무와 관련된 팀을 돕겠다는 마음과 함께 성장하고 성공하겠다는 태도에 심은 대로 거둔다는 원칙과 진리가 따른다.

필자의 아들은 A라는 회사의 서울 연구소에서 시험업무를 담당하고 있다. 시험을 하기 위해 자주 다른 지역에 있는 공장을 방문하는데, 늘 고민이 많다. 이유인즉, 나이가 많은 생산직(테크니션)의 도움을 받아야 하는데 쉽지 않다는 것이다. 그렇게 바빠 보이지도 않는데 그들은 '왜 내가 이 일을 그렇게 서둘러서 해야 되느냐?' 하며 화를 내기 때문에 업무하는 것이 보통 힘든 것이 아니라고 한다…. 그 이야기를 들으면서 안타까웠다. 조직(회사)은 개인, 하나의 팀, 사업부만이 성공한다고 해서 잘 운영될 수가 없다.

그 기술자는 조직에서, 본인의 역할을 진지하게 점검해 봐야 한다.

나는 국민학교(초등학교) 5학년부터 학교의 육상 대표를 했다. 100m와 400m 계주 선수였는데, 100m 경주는 혼자서 훈련과 경기를 잘 하면 좋은 결과를 얻을 수 있다. 그런데 계주는 다르다. 한

명이 특출나게 잘한다고 해서 우승할 수가 없다. 선수와 선수의 바통 연결이 무엇보다 중요하다. 연결하다가 바통을 놓치거나 스텝이 꼬이면 우승과 멀어진다.

세계적인 기량을 가지고 있는 선수들의 스피드 스케이팅의 계주를 나는 무척 좋아한다. 말 그대로 예술처럼 연결하고 상대편을 견제하며 최선을 다하는 모습이 여간 재미가 있지 않은가? 잘 연결하고 상대편을 적절하게, 반칙하지 않고 견제하고 개인의 구간에서는 온 힘을 기울여 뛰어야 금메달을 목에 걸 수 있다.

사업, 회사도 마찬가지이다. 상품기획, 개발, 생산기술, 생산, 품질, 마케팅, AS 사업부가 자기 일만 잘한다고 해서 경쟁에서 이길 수 없다. 좋은 Throughput과 높은 이윤도 낼 수 없다.

상품기획이 제대로 된 기획안을 낼 수 있도록 개발과 마케팅 사업부에서 도와야 한다. 개발에서 좋은 제품 설계도를 개발하고 검증할 수 있도록 생산기술과 생산 그리고 상품기획에서 성실하게 지원해야 한다. 개발부문, 특히 설계팀이 가장 바쁜 것이 일반적이다. TOC 용어로 설계팀, 설계 담당자가 개발사업부에서 제약요소이다. TOC 핵심 5스텝의 제약을 찾았으니(1단계 제약을 확인하라), 설계팀, 설계자가 최대한 일을 할 수 있도록 한다. (2단계, 최대한 활용하라) 개발 사업부의 모든 팀들은 설계팀이 좋은 품질의 설계도(math data)를 개발하도록 최선을 다해서 도와야(3단계, 제약에 종속하라) 한다.

이렇게 되었을 때, 회사의 Throughput과 이윤이 최대화될 수 있다. 물론 설계팀은 후속 부문이자 고객인 생산기술과 생산사업부가 생산공정을 설계하여 생산부문이 좋은 양품을 효율적으로 제조하고 조립할 수 있도록 제품과 부품을 설계해야 한다.

나는 Biz 프로세스 전문가로서 고객사 엔지니어들과 함께 약 네 시간 정도 주요 업무 프로세스를 분석을 하고 나면, 그 조직이 부분 최적화 수준인지 혹은 시스템 최적화 수준인지를 확인할 수 있다. 나와 계약된 업무가 분석과 최적화 범위에 포함된 경우, 시스템 최적화가 될 수 있도록 코칭을 하고 있다. 시스템 최적화(전체 최적화)를 위해서 커뮤니케이션이 중요하고 갈등요소를 해결하기 위한 논리적 사고가 중요하다 (논리적 사고의 중요성은 계속 언급될 것이다) 예를 들어 Evaporating Cloud(EC)와 같은 방법론을 효과적으로 사용하면 도움이 된다. (EC는 TOC Thinking Process 안에 있는 하나의 Tree로 갈등을 확인하고 해결하는 방법론이다)

2. 시스템 목표 트리(Goal Tree)

시스템 최적화를 위해서는 먼저 시스템 목표 수립과 그와 관련된 핵심 성공요소를 확인하고 이어서 분석 범위 내에서 제약을 찾는 것이 요구된다. 아래 그림은 자동차 OEM에서 연구개발본부의 각 조직의 역할과 인터페이스를 단순하여 시각화한 그림이다.

연구개발 본부(사업부)의 시스템 목표는 다차원의 경쟁력이 있는 설계도면을 개발/수정하는 것이다. 여기서 다차원은 성능과 품질, 원가와 중량 등을 의미한다. 한편 일반적으로 조직에서의 제약요소(팀 또는 하위 기능조직)는 다음과 같은 문제점의 요소와 원인을 제공하는 조직이다.

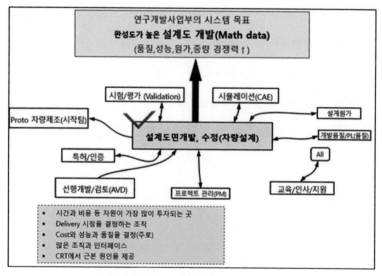

연구개발 사업부의 시스템 목표(goal tree)와 제약 조직

• 시간과 비용 등 자원이 가장 많이 투자되는 곳
• Delivery 시점을 결정하는 조직 (때로는 그 조직 때문에 목표일정이 지연됨)

- Cost와 성능과 품질을 결정
- 많은 조직과 인터페이스를 이룸
- CRT에서 근본 원인을 제공(CRT; Current Reality Tree, 현재 상황 트리)

 시스템 최적화를 위해서는 제약을 제공하는 조직이 최대한 기능을 할 수 있는 여건을 조성해 줘야 한다.

 비제약 조직은 시스템 성과를 높이기 위하여 모든 지원을 해야 한다. 제약이 되는 기능, 그 기능을 수행하는 조직과 역할을 확인하기 위해서는 Goal Tree와 CRT(Current Reality Tree)를 작성하는 것이 필요하다. Goal Tree의 CSF(Critical Success Factor)와 CRT의 UDE(Undesirable Effect)의 Gap을 확인하고 CRT의 주요한 문제점과 핵심 근본 원인을 통해서 명확하게 확인할 수 있다.

> 시스템 최적화를 위해서는 제약을 제공하는 조직이
> 최대한 기능을 할 수 있는 여건을 조성해 줘야 한다.

생각하고 토론할 주제

1 시스템 최적화를 어떻게 정의할 수 있는가?

2 당신이 하고 있는 일과 관련하여 시스템 최적화와
부분 최적화를 구분할 수 있는가?

3 지금 하고 있는 업무 중에서 전체 최적화를 위해서
제안하고 싶은 사항이 있는가?

4 회사 내 다른 조직을 지원함에 있어서 "심은 대로 거둔다"는
원칙이 적용될 수 있다고 생각하는가? 아니라면 왜 그런가?

3장

논리적 사고력을 위한
Thinking Process

1. Thinking Process의 기본

이 책에서는 Goal Tree, CRT, PRT를 주로 소개하고 EC와 FRT는 개요만을 간단하게 언급하려고 한다.

Thinking process는 TOC를 개발한 골드랫이 제약이론의 네 가지 모듈에 있는 자원, 현금의 흐름을 논리적으로 표현하기 위해서 Tree 형식으로 개발하였으나 현재는 다양한 분야에서 사용되고 있다. 조직, 회사에서 제약이론(TOC)의 핵심 전제와 다섯 가지 스텝을 바르게 이해하고 실천한다면 그 회사는 밝은 미래를 가지고 있다고 생각한다.

TOC(Theory of Constraints, 제약이론)는 흐름을 중요시한다. 어딘가에서 막힘 또는 정체가 있는 곳을 시스템 성과를 제한하는 제약요소로 정의하고 그 제약을 극복 또는 해결함으로써 시스템의 아웃풋을 최대화할 수 있다는 이론이며 네 가지 모듈(DBR, CCPM, Throughput 회계와 Thinking Process)로 구성되어 있다.

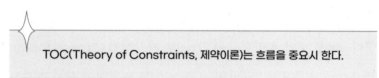

TOC(Theory of Constraints, 제약이론)는 흐름을 중요시 한다.

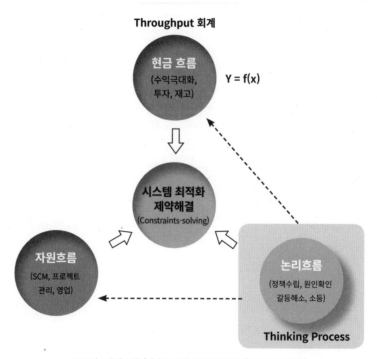

TOC의 4가지 모듈/ 출처 : 국제 TOC인증 협회(한국 TOC 협회)

나는 이 장에서 논리 흐름과 관련되어 있어 논리적 사고를 중

대할 수 있는 탁월한 방법론인 Thinking Process를 소개하려고
한다.

TOC Thinking Process에는 여섯 개의 논리 Tree가 존재
한다. 여섯 개의 트리를 Goal Tree로 시작해서 Current Reality
Tree(CRT), 최종으로 Transition Tree(TT)로 연결하여 사용할 수도
있고 각 Tree를 개별적으로 사용할 수 있다.

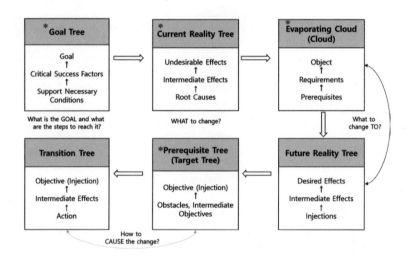

Goal Tree는 조직의 시스템의 목표를 수립하고 이를 달성하기
위해서 Critical Success Factor(CSF)와 Necessary Condition을
확인하여 논리화살표를 이용하여 연결하는 순서로 Tree를 개발
한다. 일반적으로 중장기 목표(예를 들어 3년, 5년, 10년 목표)를 위한 논

리적 방법론이다.

단기목표를 위한 논리 Tree도 존재하는데 이를 Prerequisite Tree(PRT) 또는 Target Tree로 부른다. 중장기 목표 또는 시스템 목표를 위한 영어 단어는 Goal로, 단기 목표는 Target으로 통일하여 사용한다.

2. 논리적 사고력의 기본, Goal Tree

준비물　Goal Tree의 시스템 목표와 목표를 달성해야 하는 이유, 팀, 작성가이드 6단계.

아래와 같은 기본 질문(Basic Questions)으로 시작한다.

> 1. 이 시스템/조직의 중장기 목표는 무엇인가?
> 2. 시스템 목표를 달성해야 할 이유는?
> 3. 누구와 함께 개발해야 하는가?
> 4. 완료 목표일은?

Goal Tree는 시스템 목표(Goal)와, 핵심 성공요인(CSF, Critical Success Factor) 및 이를 성취하기 위한 선행하는 필요조건(NC,

Necessary Condition)을 Tree 형식으로 표현한다. 큰 목표를 달성하기 위해서는 시스템의 중간목표를 먼저 달성해야 가능하고 중간 목표를 위한 선행 필요조건을 이뤄내야 하는 것은 단순한 논리이다. 이를 필요조건의 논리트리를 이용하여 체계적으로 구성한 방법론이 Goal Tree이다.

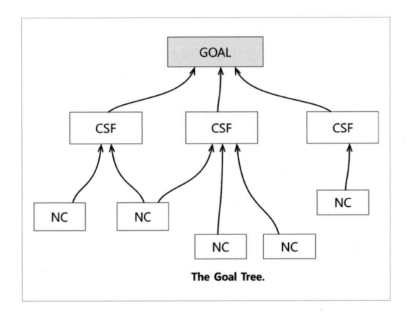

The Goal Tree.

GT(Goal Tree)는 시간과 공간에서 시스템이 성공이라고 말하기 위해서는 무엇이 일어나야 하는지에 대한 기초이다. 시스템 목표 (Goal), CSF 및 NC는 원하는 성과에 대한 시스템의 성공의 기준을 구성한다. GT를 필요조건의 논리적 사고를 통해서 명확히 구성한다면, 조직(회사)의 성공과정 또는 개인의 커리어 패스를 위한 가장 기초적인 맵(map)을 완성했다고 말할 수 있다.

시스템 목표(Goal)는 조직과 개인의 현재상황에서 무엇이 필요한지의 여부라고 할 수 있다. 이것을 결정하고 확인하기 위해서는 성취하고 싶은 것, 도달하고 싶은 곳을 알고 정의해야 한다. 변화가 필요한 가장 큰 이유는 현재 상황에 대한 불만족이다.

변화가 필요한 가장 큰 이유는 현재 상황에 대한 불만족이다.

CSF는 시스템 목표를 달성하기 위해 노력할 때, 높은 수준의 요구 사항이나 만족되어야 하는 필수 조건이다. 이 모든 것(CSFs)이 충족되지 않으면 시스템 목표를 달성하는 것이 불가능하다. 핵심 성공요인(CSF)은 일반적으로 3~7개 정도가 적당하며 전체 시스템의 관점에서 볼 때 높은 수준의 목표이다.

각 CSF는 성취의 전제 조건인 몇 가지 필수 조건 (NC)을 보유하고 있다. CSF와 NC의 차이는 구체적인 정도(얼마나 구체적, 세부적인 목표인지)이다. CSF가 달성되기 전에, 종속적인 필요 조건들이 충족되어야 하며, 하나의 필요한 조건이 다른 필요한 조건을 뒷받침할 수 있다.

시스템 목표, 중요한 성공 요인 및 필요 조건의 계층구조 간의 관계는 Goal Tree라고 하는 하나의 논리트리로 나타낼 수 있다. GT는 요구 사항의 계단식 구조이며, 상위 레벨에서는 일반적(포괄적) 내용, 더 낮은 레벨에서는 더 구체적 내용이며, 시스템의 목적지로서 무엇이 일어나야 하는지를 보여주는 논리 트리형식을 취한다. CSF는 최종 산출물이며(시스템 목표 아래에서) 하위 NC는 CSF와 비교하여 더 좁은 범위에 집중해야 하는 노력해서 얻을 수 있는 세부조건 또는 하위 목표이다.

> ## GT(Goal Tree) 작성 가이드 7단계

Step 1 시스템을 정의하라

시스템의 경계, 개인 혹은 팀(조직)의 통제 범위 및 영향력 범위를 결정하는 것이다. 명확하게 설정된 기능/ 역할을 하는, 제한된 조직개체로 시스템을 정의할 수 있는가? 모든 시스템의 중요한 요소는 기능적(역할)이라는 것을 명심하며 범위를 한정한다.

Step 2 Goal(시스템 목표)를 명확히 하라

2단계에서는 팀(또는 개인)은 시스템 목표를 명확히 정의한다. 사전에 팀이 철저히 준비하여 작성하고 의사 결정권자가 이를 수락하거나 수정할 수 있게 한다. 결정권자와 참여자가 동의할 수 있

는 목표 진술(Goal Description)을 만들어야 한다. GT의 근본적인 목적은 도달하려고 하는 목적지와 시스템 내에서 실제로 일어나고 있는 것을 평가할 수 있는 기준(Benchmark)을 확인하는 단계이다.

Step 3 CSF (Critical Success Factors)를 개발하라

시스템 목표가 합의되어 결정이 되었다면, 시스템 목표 달성을 위해 소수의 중대한 성공 요인 (CSF)을 개발 또는 확인한다. 보통 3~5개, 7개가 넘지 않는 것이 좋다. CSF의 공통적인 특징은 상위 수준의 최종 이벤트 또는 마일스톤으로 비유될 수 있다. CSF의 성과는 대개 다른 개별 기능 영역에서, 시스템 목표보다 구체적이고 세부적인 노력의 최고점 또는 주요한 기능적인 결과(functional results)이다. CSF가 일어나지 않으면 시스템 목표에 도달하지 못한다.

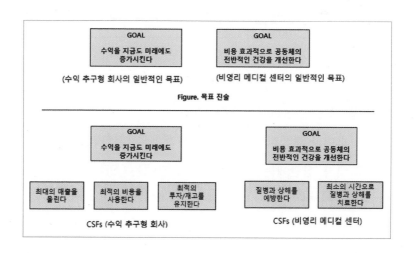

133

Step 4 주요한 Necessary Conditions(NC)를 개발하라

CSF를 달성하는 데 필요한 개별 활동으로 정의되는 NC는 CSF 수준 아래에 놓이게 되고 CSF는 이러한 필수 조건(NC)이라는 기초 위에 놓여있다. NC는 특정 활동의 정량적이고, 측정 가능한 결과이며, CSF와 기능적으로 관련 있고 내용에서 더 구체적이다. 각 CSF에 보통 2~3개 정도의 NC가 필요하며, 하나의 NC가 다른 NC를 위해 선행할 수 있다. Goal Tree는 필요조건 Tree이므로 중요하고 집중해야 하는 CSF와 NC로 제한되어야 한다.

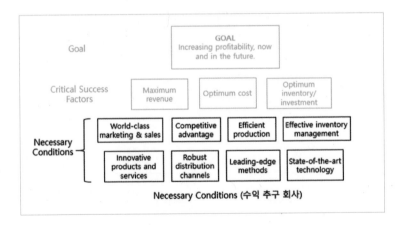

Step 5 GT Components를 정리하라

Post-it이나 컴퓨터에서 로직 트리 개체를 대략적인 피라미드 형태로 배치, 상단에는 시스템 목표, 중간에는 CSF, 하단에는 지원 NC를 놓는다.

시스템 목표, CSFs 와 NCs를 연결하라

Goal Tree는 시스템 목표, CSF 및 NC가 필요조건(necessity) 논리 관계로 연결되어 만들어진다. 각 CSF를 시스템 목표에 연결하라. 하나 이상의 CSF가 다른 CSF를 선행하여 이어지는 경우 개체를 다시 배열 후 필요한 대로 논리 화살표로 연결한다.

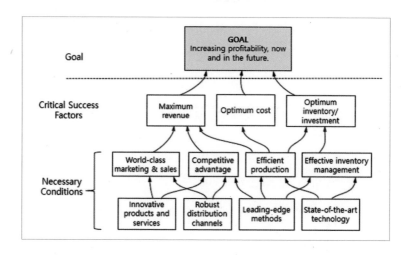

연결을 검증하라

"CSF는 시스템 목표를 실현하는 데 필수적인가?"라는 질문으로 모든 CSF에 대해 이 과정을 반복한다. 시스템 목표가 달성 전에 제안된 CSF가 반드시 일어나야만 하는 최종 결과인가, 아니면 CSF처럼 보이는 중간 결과 또는 NC인가? Tree 내에 3~7개의 CSF만 있는가? 시스템 목표와 CSF의 필요조건을 검토 후 필요 시 CSF를 Tree의 NC 레벨로 낮추라.

3. CRT(Current Reality Tree)와 시스템 문제(UDE)와 근본원인

준비물 CRT의 시스템 이슈(UDEs), UDEs를 해결해야 하는 이유, 팀, 작성 가이드 9단계, 기본 질문(Basic Questions)으로 시작한다

1) 이 시스템은 무엇인가?
2) 시스템 이슈(UDEs)를 해결해야 할 이유는?
3) 누구와 함께 CRT를 개발해야 하는가?
4) 완료 목표일은?

CRT는 주어진 시스템에서 현재 존재하는 상태, 문제를 그대로 묘사하는 논리적인 Tree다. 주어진 특정한 환경에서 가장 가능성 있는 원인과 결과 논리 Chain을 반영해 CRT는 보이는 시스템 상태의 지표(UDE)와 그것을 시작시키는 (originating) 원인 사이의 충실한 인과 관계를 표현하도록 개발되었다.

CRT의 목적은 아래와 같다.

- 복잡한 시스템의 이해를 위한 기초를 제공하고 시스템의 목표(Goal), CSF 또는 NC와 비교했을 때, 바람직하지 못한 결과를 나타낸다.(UDE)
- UDE를 원인과 결과의 논리 체인으로 Root cause에 연결
- 최악의 UDE를 포함한 다수의 UDE를 만드는 중대한 근본 원인을 확인

CRT는 주어진 시스템에서 현재 존재하는 상태, 문제를 그대로 묘사하는 논리적인 Tree다.

다음 장의 그림은 CRT를 구성하기 위한 진술개체 도형과 연결 개체를 나타낸다.

- **논리적 진술**
- **연결 개체**

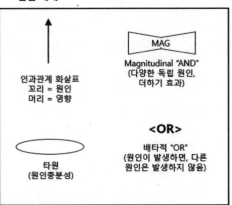

CRT(Current Reality Tree) 작성 가이드 7단계

Step 1 **CRT를 구성할 시스템을 정의하라**

- 어떤 종류의 시스템인가?
- 시스템의 오너는 누구인가?
- 시스템 경계를 시각화,
  무엇이 내부이고 외부인가?

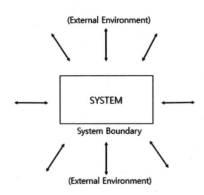

Golden Career

Little UDE를 확인하라

시스템이 원하는 대로 작동하지 않는다는 증명 가능한 징후들

로부터 시작한다. (15개 이상)

문장으로 표현 : **ex** 마케팅이 효과적이지 않다

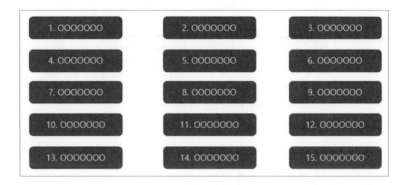

Step 3 **인과관계로 연결하라**

인과관계를 고려하여 하나씩 연결. 부족한 인과관계는 토론하

는 동안 추가로 확인한다.

하나 또는 소수의 Root Cause가 나올 때까지 토론하여 완성한다.

가설인 경우 사실여부 확인이 필요할 수 있다.

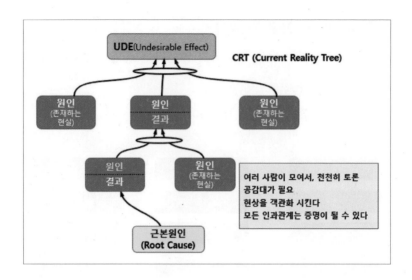

Step 4 **초기 그룹의 논리를 개선하라**

각각의 화살표로 연결된 인과관계의 논리를 검증한다. CLR(논리

검증 기준과 질문)의 기본 네 가지 요소를 활용한다.

CRT와 유사한 방법론은 많이 있다; 5 Why, Event Tree

Analysis, CECA, Fishbone diagram 등. 다른 방법론들과 CRT

의 중요한 차이점 중에 하나가 바로 논리를 검증하는 절차이다.

• **명확성** : 각 문장의 의미가 명확하고 모호하지 않은가?

• **개체 존재** : 각 진술의 문장구조가 완전하며(주어+동사, 주어+타동사+목적어),

  "if-then"를 포함하고 있거나 두 문장을 포함하고 있지 않은가?

• **인과 관계 존재** : 소리 내어 읽을 때 인과 관계가 이해되는가?

Golden Career

원인과 결과를 측정, 확인할 수 있는가? 하위의 원인이 직접, 그다음 레벨의 결과를 초래하는가? 사이의 잃어버린 단계가 없는가?

- **원인충분성** : 진술된 원인이 진술된 결과를 만드는 데 충분한가? 다른 진술되지 않는 원인에 종속되는가?

CRT에는 하나 이상의 공헌 원인이 있을 수 있다는 것과 진술된 논리개체(원인과 영향)에는 당연하다고 여길 수 있는 중요한 전제가 포함될 수 있다는 것을 기억하며 CRT를 검증해야 한다.

> 다른 방법론들과 CRT의 중요한 차이점 중에 하나가 바로
> 논리를 검증하는 절차이다.

Step 5 가능한 추가 원인을 확인하라

"이 특정한 원인 이외에 다른 어떤 것이 독립적으로 이 동일한 결과를 만들 수 있는가?"

화살표 머리에 있는 영향 개체진술을 일으키는 독립적인 다른 원인이 있지 않는가를 검토하는 단계이다.

Step 6 옆에 있는 Cluster와 연결 가능성을 조사하라

Tree에 대해 명확성, 개체존재, 인과관계 존재, 원인 (불)충분성

에 대한 철저한 점검을 완료 후, 모든 Cluster에 대해서, '측면 연결'에 대해 조사하는 단계이다. 측면 연결을 위해서, 필요한 경우에 새로운 중간 결과를 개발할 필요가 있다.

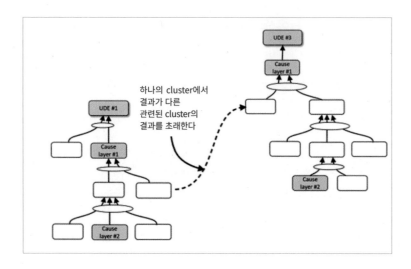

Step 7 원인-결과 체인을 완성해가라

UDE가 CRT의 꼭대기를 구성하고 원인과 결과를 각 Branch의 아래로 아주 소수의 중대한 근본원인에 수렴될 때까지 개발하는 것이다. 하나의 Branch를 선택해서 아래로 만들어가는 작업을 한 후, 다른 Branches에 동일 작업을 한다.

이 질문에 답이 각 Branch의 다음 더 낮은 원인이 될 것이다.

무엇이 직접적이고 피할 수 없는, 가장 낮은 개체의 원인인가? 다음의 두 목표를 만족할 때까지 이 프로세스를 반복하라.

• 수정할 수 있는 가장 낮은 단계의 원인에 도달한다.
• 모든 Cluster가 논리적으로 완전한 하나의 tree로 교차 연결된다.

Step 8 CRT(Current Reality Tree)를 철저히 검사하라

철저히 검사하기(Scrutinizing)는 기준에 대해서 tree를 평가하는, 구분된 형식을 갖춘 프로세스이다.

CRT가 완성되었는가? 모든 중요한 UDEs와 중대한 근본 원인을 포함하는가?

논리가 탄탄한가? 각 연결이 충분한가?

Tree 전체가 시스템 내에 있는 사람이 인지하는 대로 실재를 정확하게 반영했는가?

우리(팀) 작업에 대한 외부인의 검사는 필수이다.

Step 9 공략할 Root Cause를 결정하라

제약관리(Constraints Management, TOC)의 전체 개념은 시스템에 가장 강력한 영향을 실현할 수 있는 소수의 요인(Constraints)을 찾도록 돕는 것이다. 그 제약요소가 우리(팀)의 제어권 안에 있는지 혹은 다른 사람의 영향력 안에 있는지를 확인 후 결정한다.

4. PRT(Prerequisite Tree/Target Tree)와 단기 목표

준비물 PRT(Target Tree)의 도전적인 목표와 목표를 달성해야 하는 이유, 팀, 작성가이드 6단계, 기본 질문(Basic Questions)으로 시작한다

1. 도전적인 목표(단기)는 무엇인가?
2. 목표를 달성해야 할 이유는?
3. 누구와 함께 개발해야 하는가?
4. 완료 목표일은?

Target Tree는 달성하기 쉽지 않은 도전적인 (단기)목표달성을 위해, 장애물을 파악하고 확인한 장애물 극복에 초점을 맞춘 활동계획을 세우도록 도와주는 논리적 사고 방법이다.

중간 목표(IO: Intermediate Objective)는 최종목표로 가는 계단 또는 디딤돌로서 장애물을 찾고 장애물을 극복할 수 있도록 유연한 사고가 필요하다. 일반적으로 중간목표는 상태(Conditions)로 표현된다. 또한 장애물은 목표를 달성하는 데 방해가 되는 요소들이다.

- 무지/부재 : 지식과 방법을 모르거나 필요한 자원을 가지고 있지 않음

- 부족 : 시간, 예산 등 필요한 자원의 부족, 낮은 사기(Morale)와 참여도

- 법/규제 : 활동을 제한하는 법/규제, 사람들의 저항 등

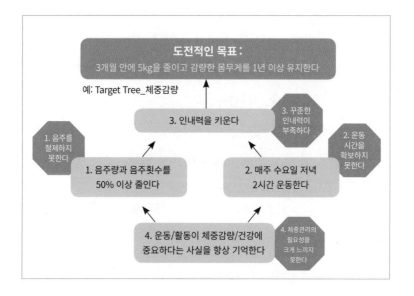

Target Tree 작성 가이드 6단계

1) 도전적인 목표를 명확히 정의한다
2) 목표 달성을 방해하는 장애물을 파악한다.
3) 장애물을 극복할 중간목표 확인, 추가 중간목표를 개발한다.
4) 중간 목표들의 실행 순서를 정한다.
5) 중간목표 달성을 위한 구체적인 활동 계획을 수립한다
6) 중간 평가 계획수립과 시행 및 Catchup한다.

Step 1 도전적인 목표를 정의한다(목적에 부합, SMART 기준)

성취하려는 결과, 최종 목표를 도전적(Ambitious) 수준으로 설정, 명확하고 간략하게 표현, SMART 기준을 활용할 수 있다. 구성원들(팀원)의 공감대를 형성하는 것이 중요하므로 토론하여 이해 및 조정해야 한다. 예를 들어 목표가 체중 감량이라면 '몸무게를 줄인다'가 아니라 '6개월 안에 5kg 감량, 1년 이상 감량된 몸무게를 유지한다'로 정하는 식이다.

생산성 향상, 역량 강화 등의 추상적인 목표보다 정량적으로 순이익 얼마, 몇 % 투자 수익율을 목표로 한다.

> **ex** 202X년 매출목표는 3,000억 원이다
> 시스템의 고질문제를 202X년 6월 말까지 해결한다.

Step 2 목표에 방해되는 장애물을 파악한다

개인/조직의 현재 상황에서 목표에 필요한 자원과 환경을 검토하여 장애물을 확인한다. 장애물의 일반적 범주는 무지/부재, 부족, 환경, 규정, 법규 등이다.

▶ PRT는 중간목표를 먼저 찾고, 중간 목표 달성에 방해가 되는 요소를 찾는다.

Step 3 장애물을 극복할 중간목표 확인, 추가 중간목표를 개발한다

중간목표(IO : Intermediate Objective)는 최종 목표로 가는 계단 또는 디딤돌이다. 장애물을 검토하여 그것을 극복할 수 있는 중간

목표를 설정한다. 단 Secondary Problem, Local Optimum 등 부정적 결과를 초래하지 않아야 한다. 또한 장애물 극복과 관련은 없지만, 최종목표를 달성하기 위해 필요한 중간목표를 확인한다.

Step 4 중간 목표들의 실행 순서를 정한다

실행순서는 시간의 선행조건으로 결정, 먼저 해야 할 중간목표는 하단에, 선행하는 중간목표 달성 후에 달성해야 하는 중간목표는 위쪽에 배치한다.

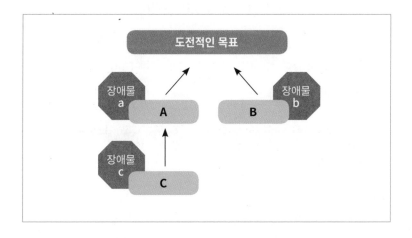

Step 5 중간목표 달성을 위한 구체적인 활동 계획을 수립한다

중간목표 달성을 위한 세부 활동계획(무엇을, 누가, 언제까지)을 수립한다.

각 중간목표를 달성하기 위해서 해야 하는 구체적인 활동들은 무엇이 있는가?

누가 이 활동을 진행해야 하는가?(책임자)

언제까지 완료해야 하는가?(4개월 이상 소요되는 목표는 중간 점검이 필요)

No	중간목표	세부활동	완료일	담당자	비고
1					
2					
3					
4					
5					

6. 중간 평가 계획수립과 시행 및 Catchup 한다

중간목표 진행 현황을 중간시점에 확인(4개월 이상 소요되는 목표인 경우)

계획 대비 차질이 빚어진 원인을 확인하여 Catchup 활동 계획
을 수립하여 진행한다.

No	중간목표	세부활동	1차평가	2차평가	완료일	담당자	비고
1							
2							
3							
4							
5							
6							
7							

참고서적

H. William Dettmer, The Logical Thinking Process, ASQ Quality Press, 2007, 정남기, TOCfE / NCS 문제 해결 워크북, 진한M&B, 2018

생각하고 토론할 주제

1
스스로 평가했을 때, 당신의 논리적 사고 능력에 1점에서 10점 사이의 점수를 준다면 어느 정도인가? 논리적 사고에 있어서 어떤 약점을 가지고 있는가?

2
당신이 근무하고 있는 회사 조직(팀, 실)은 중장기 목표(Goal)를 수립하고 달성을 위해서 어떤 노력을 하고 있는가?

3
당신 조직은 목표와 Gap이 발생했을 때 어떻게 해결하는가? 근본원인을 찾아가는 방법론을 사용하는가?

4
주요하고 도전적인 업무 계획과 목표를 위해서 Target Tree와 같은 논리적인 방법론을 사용하는가? 사용할 필요성을 느끼는가? 필요성을 느끼지 못한다면 왜 그런가?

Golden
Career

3부

업무를 잘하는 기본 방법론

Fundamental Methodology

업무성과가 탁월한 Good engineers(employees)의 특징 중 하나
는 효율적으로 업무를 하도록 도와주는 방법론(Tools)을 익혀서 사
용한다고 했었다. 그런 의미에서 3부에서는 몇 가지 매우 중요하
고 기본적인 방법론을 소개하려고 한다.

- 기획력과 창의적 사고를 돕는 마인드맵(Mindmap)
- Biz process 분석과 재설계를 도와주는 SIPOC과 Process map
- 제품, 부품과 생산공정의 기능 흐름과 문제를 시각화하는
  Function Analysis
- 제품, 부품과 생산공정의 문제를 창의적으로 해결할 수있도록 돕는
  TRIZ_ARIZ
- 데이터 사고를 위한 EDA(Engineering Data Analysis)와
  Exel의 데이터분석
- 제품, 부품과 생산공정의 문제 해결을 위한 전략적 접근법인
  Red X strategy
- 에너지 사고를 통한 문제해결과 사전예방을 위한 Robust Engineering
- 시스템 사전예방을 위한 FMEA Connectivity(Quality Chain) 등

각 내용이 방대하기 때문에 Mindmap, SIPOC과 Process map
그리고 Function Analysis는 상세하게, 나머지 툴은 간략한 개
요와 핵심내용을 요약하여 소개할 예정이다.

1장

기획력과 창의적 사고 가이드, Mindmap

직장에서는 다양한 기획보고서, 결과보고서 또는 종합보고서를 작성하게 된다. 보고서의 질(Quality)은 작성한 사람의 기획력과 논리적 사고력을 보여준다. 복잡한 계획을 수립하며 뛰어난 품질을 갖춘 보고서, 또는 프레젠테이션, 강의안, 출간도서를 계획하기 위해서 마인드맵(Mindmap)의 사용을 추천한다. 이는 여러가지 생각의 조각들을 창조/개발하고 체계적으로 정리할 수 있는 좋은 방법론이며 특별한 작성 가이드가 필요하지 않을 정도로 쉽게 사용할 수 있다.

> 보고서의 질(Quality)은 작성한 사람의 기획력과 논리적 사고력을 보여준다. 복잡한 계획을 수립하며 뛰어난 품질을 갖춘 보고서, 또는 프레젠테이션, 강의안, 출간도서를 작성하기 위해서 마인드맵(Mindmap)의 사용을 추천한다.

사용목적에 따라 중앙에 있는 제목과 카테고리를 결정하고 하위 개체를 기록하며 확장해 간다. 일부를 작성한 후 점검해보면서 개체의 제목과 상세내용을 얼마든지 수정할 수 있다. 아래는 필자가 운영 중인 커리어와 관련된 블로그를 계획하기 위한 만든 마인드 맵이다. 이스트소프트사가 제공하는 알마인드(Almind)라는 무료소프트웨어를 사용해서 작성했다.

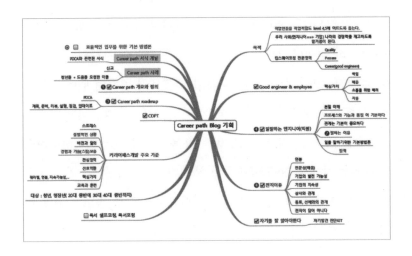

마인드맵 중앙에 목적, 주제를 기록한다. 생각나는 주요 하위 개체들을 구(단어들의 조합) 또는 단순한 문장으로 입력한다. 이후 이어지는 생각이나 정보를 하위 또는 동등 레벨의 개체로 정리하는 순서인데, 추가로 확인해야 할 정보 또는 지식 카테고리를 만들어서 얼마든지 확장해 갈 수 있다. 또한 마인드맵을 사용하게 되면, 새로운 기획을 할 때마다 기억에서 자유하게 함으로써 오히려 창의적인 사고를 자극하게 한다.

Golden Career

이 책을 기획하면서 작성했던 알마인드 초안이다.

저술의 목적은

첫째, 커리어 개발, 커리어 패스에 대한 오해를 해소하기 위함이다.

둘째, Good engineer(employee)에 대한 정의와 요소를 정의하는 것이다. 위에 기록한 두 가지 목적이 이루어지면 우리 사회와 나라에 대한 비전을 공유하여 함께 그릴 수 있겠다는 나의 소망과 사명을 이루는 기초공사를 완성하는 것이다.

셋째, 논리적 사고력을 위한 방법론을 많은 사람들에게 전달하기 위함이다. 이 책에서 논리적 사고를 자주 강조하는 이유이다.

넷째, 일을 효율적으로 수행하기 위한 기본 방법론을 가르치려는 목적이다.

위에 기술된 셋째와 넷째 목적이 이루어지면 커뮤니케이션의 질과 수많은 업무에서 성과와 효율성이 얼마나 증대될까 하는 생각이 나를 행복하게 한다. 이러한 목적으로 책의 내용을 하나씩 정리하며 기록하기 시작했다.

마인드맵의 사용법은 정말 단순하지만 활용도는 무한하고 효과도 매우 좋다. 업무를 위해서든, 개인의 커리어 개발을 위해서

든, 지식과 정보를 정리하기 위해서든 자주 마인드맵을 사용하기를 추천한다.

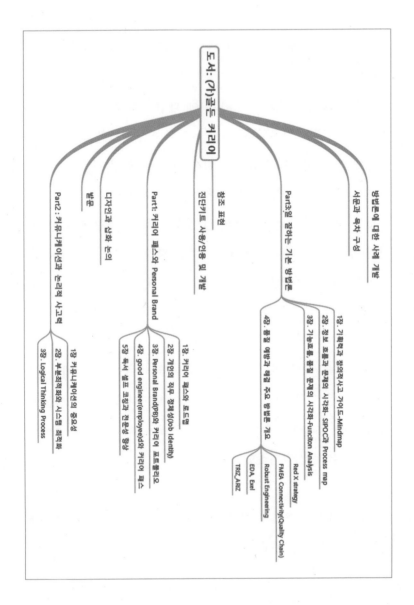

생각하고 토론할 주제

1 효율적으로 업무를 수행하기 위해서 당신이 사용하고 있는
방법론을 몇 가지 선택해서 어떤 효과가 있는지를 기록하라.

2 Mindmap을 사용한 적이 있었는가? 어떤 효과를 얻었는가?
사용한 적이 없었다면 배워서 사용할 의향이 있는가?

당신의 커리어 패스와 커리어 포트폴리오를
위해서 알마인드를 사용하기를 권장한다.

2장

정보흐름과 프로세스의 시각화,-
SIPOC과 Process map

1. SIPOC

SIPOC은 Process 분석을 위하여 시작과 끝 단계 즉 Scope 를 정하고, Process의 결과를 받는 고객과, Input을 제공하는 Supplier를 확인하는 방법. Process Map을 위한 큰 그림(Big Picture)이다.

Suppliers, Input, Process, Output, Customer 각 단어 의 이니셜로 SIPOC이라고 한다. 발음은 [사이폭]이라고 한다. Process는 입력을 공급하고 변화를 가해, 가치가 부가된 결과를 만들어내는 일련의 활동이다.

SIPOC의 목적은 다음과 같다.

- Process 분석/설계를 위한 기본 항목 확인 (분석 범위, 협력업체, 입력물, 결과물과 고객 및 주요 문제점)

- Process 활동에 참여하는 Process 엔지니어 확인

- 주요 문제점에 대한 진술 (Problem Description)

- 주요 Process의 Necessary Condition과 CSF(Critical Success Factor) 확인(새로운 Process를 개발할 때)

SIPOC과 프로세스의 분석이 필요한 Biz 프로세스는 아래와 같다.

- 실수(에러)가 잦은 프로세스

- 결과 대비 시간과 비용이 지나치게 많이 소요됨

- 시작부터 완료까지 시간(리드 타임)의 산포가 큼

- 내/외부고객이 불만이 많은 프로세스

- 결과에 대한 만족도가 좋지 않거나, 결과의 품질 산포가 큰 프로세스

- 고질적인 문제가 있는 프로세스

SIPOC의 요소는 다음과 같다.

- **S**(Suppliers) : **Process**에 입력(Inputs)을 공급하는 팀, 회사, 또는 시스템
- **Inputs** : 변형, 소비, 사용, 가공되는 물품 또는 정보 등
- **Process** : 분석하려는 Process의 상위 단계들
- **Outputs** : Process에서 가공되어 가치가 부가된 결과
- **Customers** : Process의 결과를 받는 팀, 회사 또는 시스템

SIPOC 작성가이드 6단계

Step 1 **문제에 대한 기술 (Problem Description)**

논리적으로 문제를 정량적인 데이터와 함께 논리적으로 요약하여 기술한다. 문제의 심각성을 보여주는 지표와 낭비요소를 포함하고, 그 문제로 인하여 영향을 받는 상위 시스템의 지표를 포함한다.

Step 2 분석하려는 **Process**의 시작과 끝 **Step**을 정의 (분석의 Scope)

Step 3 **Process**에 공급되는 **Inputs** 확인

Step 4 **Process**에 **Inputs**를 공급한 **Suppliers** 확인

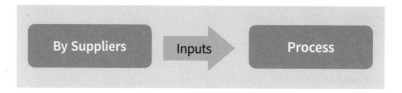

Step 5 **Process**가 만들어내는 **Outputs** 확인

Step 6 Process의 Outputs을 받는 Customers 확인

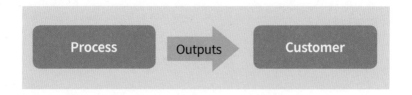

SIPOC 사례: 킴스퀘어코칭의 컨설팅 프로세스 (고객문의 / 상담~해결안 검증)

Suppliers	교육 마케팅 대행사, 킴스퀘어 코칭
Inputs (입력물)	컨설팅 문의/ 요청 메일, 블로그(홈페이지)
Process	상담 - 고객요구 구체화 - 비용확정 - 이슈기술 및 정의 - 정보 수집, 평가분석 - 이슈 시각화 - 원인확인 - 해결안 수립 - 검증
Outputs (결과물)	해결안, 피드백, 만족도
Customer (고객)	고객사(컨설팅 요청)

· Symptoms (문제점)

이슈기술과 원인확인을 위한 자료 및 데이터 부족, 주로 추론과 가정에 의존, 서비스센터에서 확보한 고품이 없거나 부족 또는 상태가 좋지 않아서 필요 고품을 확인하기 위한 시간이 많이 소요된다.

2. Process Map

Process map은 비즈니스 개체(entity)가 무엇을 하고, 누가 책임을 지는지, 비즈니스 프로세스가 어느 수준(Standard)까지 도달해야 하는지, 비즈니스 프로세스의 성공을 어떻게 확인해야 하는지를 정의하는 것과 관련된 활동들을 표현한다. (from Wikipedia)

Process map을 그리는 목적은 다음과 같다.

- 일(업무), 단계들, 입력요소와 자원, 문제를 시각화

  업무 요소를 보이게 함 (업무 흐름의 시각화)

- 문제와 낭비를 보이게 함(문제의 시각화)

  어떤 Data를 수집할 수 있는지 확인 (측정 가능한 CTQy)

  모든 팀원(Project Member)들이 동일한 시각(협력, 효율화, 가치를 부여하는 단계와 그렇지 못한 단계를 구별)

  Process map를 개발할 때 빼놓지 않아야 할 요소가 낭비(wastes)이다.

Process Map의 목적은
일(업무), 단계들, 입력요소와 자원, 문제를 시각화
문제와 낭비를 보이게 하는 것이다(문제의 시각화)

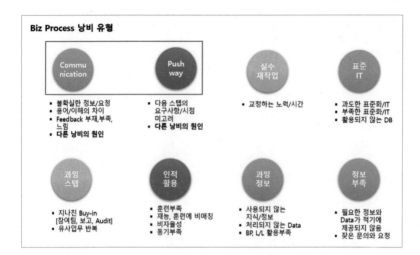

Process 분석을 가능하게 하는 Process map을 작성하기 위한 4단계가 있다.

> STEP 0. SIPOC 작성
> STEP 1. Process 개요 정의
> STEP 2. Process Step Description
> STEP 3. Process Modeling

Step 0은 앞에서 소개했다.

Process 개요 정의

Process 이름을 기록 또는 정의하고, 목적과 고객 요구사항 및
Process의 각 단계에서 역할을 하는 사람의 이름 또는 팀명을 기
록한다.

Process 이름	우편물 배송 프로세스
Process 목적	고객에게 우편물을 배송한다
고객의 요구사항 (draft CTQ)	빠른 배송시간, 배송의 정확도
Process 멤버	(보내는 고객), 우체국의 직원들, 배달직원, (받는 고객)

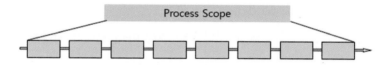

Step 2 **Process Step 기술 (Description)**

• 행위의 주체를 '(Step)Carrier' 열에 입력하라.

• 행위 또는 action을 'Step' 열에 입력하라.

• 행위를 받는 객체를 '(Step) Object' 열에 입력하라.

• 'Level' 열에 N(정상), I(불충분), 또는 E(결과는 정상/시간 과다)를 입력
하라.

• 필요시에 'Objective' 열에 목적을 입력하라.

- 'Symptom' 칸에 증상, 문제, 낭비를 기록하라.

Step Carrier	Step	Step Object	Level	Objective	Symptom (Waste)
발송고객	우편물을 발송한다	우체국	N		
우체국	우편물을 분류한다	-	I & E	필요한 경우에 입력 'Step'에 명확히 표현되는 경우는 생략	시간이 많이 소요된다, 재분류가 필요하다
우체국	우편물을 할당한다	우체부	N		
우체부	전달한다	수취인	I		배송이 늦다 우편물이 분실된다

Step 3 Process Modeling

정보 흐름의 각 단계의 시각화를 위해 아래 범례가 사용된다. 일반적으로 Swimlane Process map을 활용한다.

I = Insufficient	☐	N = Normal	☐	I & E	☐
E = Excessive	☐	H = Harmful	☐		

(Step) Carrier	Step Flow
발송고객	
우체국	
우체부	
수취인	

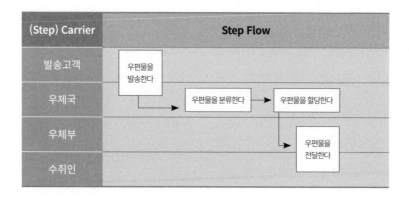

(Step) Carrier	Step Flow
발송고객	우편물을 발송한다
우체국	우편물을 분류한다 → 우편물을 할당한다
우체부	우편물을 전달한다
수취인	

다음으로 Process Map 사례를 소개한다.

Step 1 Process 개요

Process 이름	설계원가 수립 Process
Process 목적	정해진 시간 안에 설계원가를 정확히 수립한다
고객의 요구사항 (draft CTQ)	시간, 정확도
Process 멤버	A사 엔지니어 / H사 엔지니어 / CE

Step 2 Process Step Description

(Step) Carrier	Step	Step Object	Level	Objective	Symptom(Waste)
A사 엔지니어	study Math	-	N	Find solusion	-
A사 엔지니어	Inquiry Cost/timing	H사	H	To get DE cost quickly	
H사 엔지니어	Examine, Answer	A사	E		Time delayed
A사 엔지니어	Inquiry DE Cost	CE	N	Inform change	-
CE	Examine, Answer	A사	E		Time delayed cost gap from
A사 엔지니어	Issues EWO	-	N		

167

Process Modeling

아래는 단순화된 Value Stream Map 사례이다.

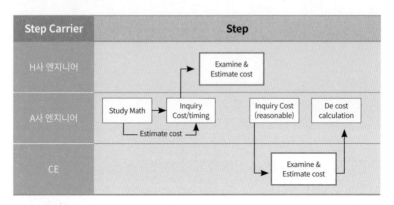

주요 범례를 사용하여 Map을 완성했다.

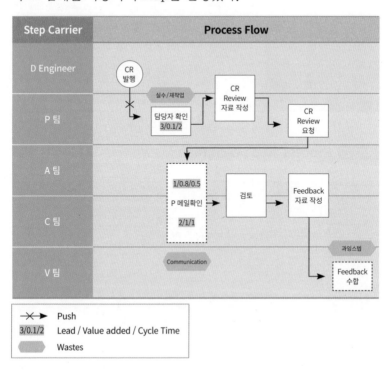

Golden Career

생각하고 토론할 주제

1   당신은 업무 프로세스의 비효율성으로 인해 곤란/낭비를
경험한 적이 있는가?

2   진행하고 있는 업무에서 재설계가 필요한 업무 프로세스가
있는가? 왜 그렇게 생각하는가?

3   당신은 프로세스의 문제가 보이게 하는 방법론을 사용해본
적이 있는가? 있다면 사례와 효과에 대해서 기록해 보라.

3장
기능 흐름, 품질 문제의 시각화,
Function Analysis

Function Analysis는 엔지니어링 시스템(제품, 부품, 공정)의 품질 문제 해결과 예방을 위해서 사용할 수 있는 가장 기본적이고 중요한 방법론이다. 제품, 부품 개발과 생산 공정 관련 직무를 하고 있는 엔지니어들에게 현실적으로 도움이 되는 도구이다.

Function Analysis는 엔지니어링 시스템(제품, 부품, 공정)의 품질 문제 해결과 예방을 위해서 사용할 수 있는 가장 기본적이고 중요한 방법론이다.

Function Analysis(기능분석)는 기능과 그것의 특성, 시스템의 비용 및 슈퍼시스템의 컴포넌트를 확인(식별)하는 분석적인 툴이다.(TRIZ_ARIZ, Robust Engineering_DOE, FMEA 등 여러 품질 문제해결과 품질 예방 방법론을 지원, 강화)

Function Analysis의 목적은 세 가지인데 아래와 같다.

1) 시스템, 부품, 공정을 각 부분의 기능관점(기능 언어)으로
   이해하기 위함.(기능의 흐름과 결과, 기능 중심, Energy Thinking 사고)

2) 성능향상, 문제해결을 위한 자원 확인 (Resources)

3) 개선 방향성 도출 (아이디어)

문제해결을 위해서 Function Analysis를 사용해야 할 때, 요구
되는 사항이 있다.

정확한 기능분석을 하기 위해서는 실제 부품, 샘플 혹은 math
data가 필요하다. 시스템에 익숙한 엔지니어이더라도 머릿속으
로 상상하는 것과 실제 제품이나 math 데이터를 보고 분석을 진
행할 때, 차이가 발생한다. 부품, 시스템 없이 개발된 Function
Model을 후에 실제 시스템과 비교해보면 부품과 기능이 누락된
경우가 종종 있었다. 반드시 실제 제품 또는 3D 도면을 가지고
분석을 진행해야 하며 관련 담당자들이 함께 작성해야 한다. 문
제해결을 위해 Function Analysis를 진행할 때에는 문제가 되
는 특정 상황을 정의하여 그 문제가 Function Model에 사실적
으로 표현될 수 있도록 해야 한다.

Function Analysis는 4 step으로 구성된다. 첫 단계는

Component 분석, 두 번째는 Interaction 분석, 다음에는 기능 기술(Function Description), 마지막 단계인 Function Modeling은 기능을 시각화하는 단계이다.

Component 분석

기능 분석의 단계

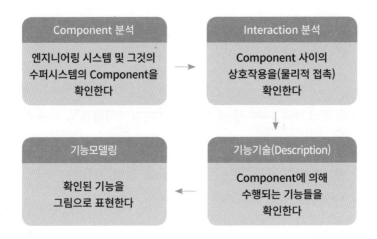

기능의 정의에 대해서 살펴보자. 기능이란 Material Object에 의해 수행되어 다른 Material Object의 Parameter를 변화시키거나 유지하는 Action이다(Material Object : Substance or Field; Energy). Material Object, 즉 물질객체는 물질 자체와 에너지를 말한다.

- Function Carrier(주체, 주어)
- Function Object(객체, 목적어)

기능은 영어의 3형식, 주어, 타동사, 목적어로도 표현될 수 있다.

Function Carrier → Action → **Function Object**

다음은 기능이 성립하기 위한 세 가지 조건이다.

1. Function Carrier와 Object의 둘 다 Material Objects이다.

2. Function Carrier(기능수행자)와 Function Object(기능의 대상, 기능을 받는 대상)가 상호작용을 해야 한다.(물리적 접촉이 있어야 한다).

3. 기능의 결과로 기능 대상의 Parameter가 변화 또는 유지되어야 한다(상호작용의 결과)

Parameter
: Material object가 가지고 있는 특성 값,
예를 들어, 형상, 위치, 온도, 길이, 속도 등등

다음 표는 Component 분석에 대한 내용이다. 분석대상인 Engineering System의 이름과 주기능(Main Funciton), System Components와 Super_System Component을 확인하여 기록한다.

Engineering System	Main Function	Components	Super system Components
Name of Engineering System	To / Verb / Target	Component 1 Component 2 Component 3	Target Component S.S Component 1 S.S Component 2
분석할 Engineering System의 이름을 적는다	Engineering System의 주요 기능(존재이유)을 적는다	Engineering System을 구성하고 있는 세부 항목을 적는다	Engineering System에 영향을 미치는 주변 파트, 물질, 물질장 등을 적는다. (Target 포함)

Step 2 Interaction 분석

첫 번째 단계인 Component 분석에서 확인한 Components를 활용하여 각 Component 사이 상호작용이 있는지를 분석한다. 테이블 안에 표시된 +는 두 Component 사이에 Interacion(접촉)이 있다는 의미이고, -는 Interaction이 없다는 뜻이며, 기능이 존재하지 않는다는 의미이며, +는 하나 혹은 복수의 기능이 존재할 수도, 기능이 없을 수도 있다.

	Component1	Component2	Component3	Target (Component)	S.S Component1	S.S Component2
Component1		-	+	+	+	-
Component2	-		+	-	-	-
Component3	+	+		+	+	+
Target (Component)	+	-	+		-	+
S.S Component1	+	-	+	-		-
S.S Component2	-	-	+	+	-	

Step 3 Function 기술

상호작용을 하고 있는 Component에 어떤 기능이 있는지, 있다면 유용한 기능 또는 해로운 기능인지, 유용한 기능이라면 성능이 Normal(정상), Insufficient(부족한) 또는 Excessive(과도한)인지 확인한다.

Step 4 Function Modeling

기능의 흐름과 문제의 흐름을 시각화하는 단계이다. 내가 시각화를 강조하는 이유는 문제해결 또는 사전문제 예방에서 정확하게 시각화를 할 수 있다면 목표의 50%가 달성되었다고 말할 수 있기 때문이다. 그만큼 중요하다는 의미이다.

아래는 Function Model을 위한 범례이다.

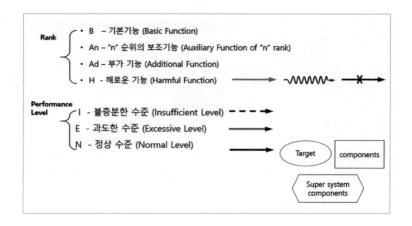

아래는 Paint filling system에 대한 function modeling이다.

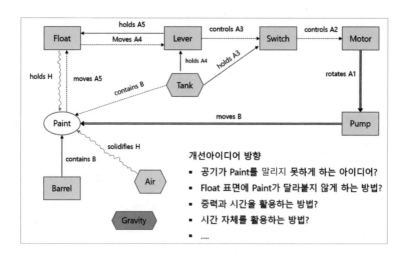

생각하고 토론할 주제

1 제조회사 혹은 서비스업에 근무하고 있는가?
업무 프로세스 분석과 시각화를 위해서 SIPOC과 Process Map에 대해서 학습 후 특정 업무 프로세스에 적용해 보라.

2 기능분석(Function Analysis)에 대해서 이 책을 읽기 전에 들어본 적이 있는가?

3 연구개발과 관련된 직무, 생산기술, 품질 직무와 관련되어 있다면 기능분석을 사용해보기를 바란다. (엔지니어라면 필요성을 공감할 수 있다)

4장

주요 품질 문제 예방과
문제해결 방법론

1. 전략적 사고, 제품/부품 품질문제 해결을 위한
-Red X strategy

① Red X startegy의 강점

Red X의 강점 네 가지는 다음과 같다.

1) 문제의 단순화,

2) 다양한 Benchmarking 그룹을 비교하기 위한 Stategy Diagram

3) 단 하나의 원인에 집중

4) 해결안의 규제로 인한 빠른 적용

문제해결을 위한 DFSS와 DMAIC, TRIZ도 좋은 방법론이다. 단 이 글에서 소개하고자 하는 것은 Red X의 차별화된 강점이다.

첫째는 문제의 단순화이다. 고객사의 엔지니어, 리더가 문제를 의뢰할 때, 얼핏 보기는 비슷하지만 다양한 문제가 섞여 있다.

Red X는 다른 문제해결 방법과 다르게 이러한 복합 문제를 파레토 원리를 이용하여 시각적으로 분류하고, 이어서 Problem Definition Tree로 표현한다. 데이터와 시각화를 통하여 중요한 하나의 문제에 집중하는 것이 Red X의 전략인 동시에 강점이다. 문제의 단순화는 복잡하고 어려운 품질문제 해결에 있어서 중요한 첫걸음이다.

두 번째는 Benchmarking을 위한 Strategy Diagram의 활용이다. Problem Definition 후에 큰 대조(Contrast)와 효율성(Leverage)을 위해 Benchmarking 대상을 확인한다. 다양한 품질문제해결을 경험했던 나로서는 처음 Red X를 접했을 때, '왜 다른 품질문제 해결방법론에서는 이 Strategy Diagram을 채용하지 않았을까? Red X가 시작된 시점이 1939년이고 품질문제에 상당한 기여를 했었는데….'라는 생각을 하곤 했다. 많이 아쉬운 부분이다. 이처럼 품질 문제 해결을 위한 탁월한 전략이 바로 Strategy Diagram이다. Strategy Diagram만을 잘 익혀서 제대로 활용할 수 있어도 문제 해결에 상당한 효율을 얻을 수 있다.

> Strategy Diagram만을 잘 익혀서 제대로 활용할 수 있어도
> 문제 해결에 상당한 효율을 얻을 수 있다.

또 다른 강점은, 단 하나의 원인에 집중한다는 것이다. 다른 방법론은 한 번에 여러 원인을 동시에 해결하려고 하는데, 이와 다르게 Red X는 하나의 원인, Red X에 집중한다. 물론 문제에 따라 interaction 또는 두 번째 원인(Pink X)을 동시에 찾아야 할 필요가 있지만 드문 경우이다.

일반적으로 약 90% 문제는 하나의 원인을 찾아서 해결하면 된다.

이 기법은 여러 가지 Clue generation 기법을 활용하여 Red X 후보를 찾은 후에 하부 툴을 이용하여 검증하는 단계를 거쳐서 근본 원인을 찾아 관리한다. 아래는 Red X 절차와 목표/전략, 기본 Tools에 대한 생각을 단순하게 정리한 내용이다. 전문가에 따라서 세부 툴을 다른 단계에서 활용할 수 있으며, 다른 방법론(DMAIC, DFSS, TRIZ, EDA 등)의 세부 툴을 접목하여 사용할 수 있다. 여기에 표현된 기본 Tools 외에도 Red X의 다양한 심화 툴과 전략이 있다.

② Red X 절차, 목표/전략, 세부 기본 툴

■ Red X 절차	■ Tree(목표/전략)	■ 기본 Tools
고객에게 듣는다	Problem Definition Tree(문제 → 프로젝트 정의)	Pareto,(품질지표,고객의견, 관련팀의견, 경영진의 관심사항 청취)
결함을 관찰한다	Project Tree (대조와 레버리지 확인, 정량화, WOW & BOB 검토, 측정시스템검증, Green Y 분포확인)	(Plan) Strategy Diagram), Isoplot Event to Energy Transform, Connectivity Split, (Energy Function Thinking, Function Analysis)
대조를 측정한다	Project Tree (WOW & BOB 확정, 대조와 레버리지 확인/선택)	(Measure)Strategy Diagram, Multi-Vari, Concentration Diagram,
주요원인에 집중한다	Project Tree (Clue generation을 통한 Red X 후보 확정)	Component Search, Paired Comparison, Group Comparison, Operation Search Process/Function Flow Diagram,
주요원인을 검증한다	Project Tree (Red X의 통계적검증, Physics, Failure Mechanism 확인)	Six Pack B vs. C Test, Full Factorial DOE Tuckey B vs. C Test, (Function Analysis)
개선한다	Project Tree (해결안 시행 및 관리)	Run Chart, P Chart

가장 영향이 큰 원인을 관리 또는 제거했음에도 문제의 상당한 빈도, 즉 품질성능 산포가 남아 있다면 다음으로 크게 기여하는 원인을 찾아서 관리한다. 그러나 대부분 90% 이상은 단 하나의 Red X를 찾아 관리하는 것으로 품질이 안정화되어 프로젝트가 종결된다.

다른 강점은 해결안 적용이 빠르다는 것, 해결안의 우선순위를 Red X 관리에 두기 때문이다. 부품의 설계변경에는 분명한 강점이 있지만, 설계변경 과정과 검증시험 등에 의한 비용과 시간이 많이 소요되고, 근본원인을 확인하지 않고 설계 변경 시 문제의 재발 또는 생각하지 못했던 다른 문제(Secondary Problem)가 발생하기도 한다. 도요타의 원칙 중에 하나로 알려진 '검증된 설계라면 변경하지 말라'는 의미 역시 변경에 의해서 미처 생각하지 못했던 새로운 문제가 발생하기 때문이다.

물론 제조 공정에서 Red X의 관리가 어려운 경우에는 설계변경을 추천 또는 의뢰하기도 한다. 이 기법의 중요한 점은 먼저 근본적인 원인을 찾고 이에 대한 통계적 검증 후 제조 전문가들과 토론 후에 설계 변경을 추진한다는 점이다.

제품 설계, 시험, 품질전문가들은 Red X stategy를 학습하여 품질문제에 적용하기 바란다.

2. 품질의 최종방법론/플랫폼 FMEA Connectivity

FMEA에 대해서 기본지식과 사용 경험이 있는 것을 전제로 글을 쓰려고 한다. 다음은 FMEA가 각 조직/회사에서 효과적으로 적용되기 위한 9가지 요소이다.

① 모여서 토론 : 팀 활동(기존의 개발 회의체 활용, 예, GM의 PDT)

FMEA는 설계자(DFMEA) 또는 생산 기술 엔지니어(PFMEA)가 혼자 작성해서는 안 되고 관련 엔지니어들이 모여서 리뷰하고 토론하는 팀 활동으로 진행해야 한다.

② 기초작업이 중요

여기서 기초 작업이란 제품/공정 시스템 분석 (with Noise factors), 공정 흐름 분석(F.A. with 4M)을 말한다. FMEA Progam 시작단계에서 제품과 공정의 시스템 분석을 진행해야 하며, 제품과 공정의 고장 원인 요소인 5대 Noise Factor(사용자조건, 기후환경, 시스템 간섭, 내구열화, 제조산포, DFMEA), 4M(PFMEA)를 고려하고 분석하는 것이 FMEA를 위한 중요한 기초작업이다.

③ 설계, 평가와 공정 간, 설계와 협력업체 간에 품질 정보 전달 프로세스 확인 [품질 예방/해결 프로세스 분석]

각 조직이 가지고 있는 개발, 품질에 관한 수많은 정보가 어디에 있는지, 어떻게 전달되는지에 대한 분석이 필요하다. 그 정보를 FMEA에서 효율적으로 활용할 수 있어야 하기 때문이다.

> FMEA Connectivity는 품질의 최종방법론/플랫폼 역할을 하며
> 제품, 시스템 전반에 관한 품질을 예방한다

④ 과거 품질 이력 활용

과거 실패로부터 얻은 품질 이력은 값비싼 교훈과 동시에 지식의 보고(보물창고)이다. 이를 분석하여 FMEA program에 효과적으로 활용해야 다음 제품에서 품질 문제를 예방할 수 있다.

⑤ Failure mechanism[Physics of Failure]을 개발, 원인은 조치 가능 수준

고장 원인은 고장 모드에 연결하여, 왜 고장이 발생했는지를 물리적, 논리적으로 이해할 수 있도록 기술한다. 동시에 압축하여 FMEA 양식에 표현되어야 하며, 원인은 조치가 가능한 수준까지 확인되어야 한다.

⑥ 개발 일정/프로세스를 고려해야(개발 프로세스에 통합은 많은 성공 경험 후 리더가 발의)

FMEA의 시작과 종결(각 개발 단계)은 개발 일정을 고려해서 그 결과가 도면과 시험계획, 공정관리에 포함되고 이후에 결과는 검증되어야 한다. 그렇지 않으면 FMEA 노력의 효과가 반감될 수밖에 없다.

⑦ 다른 툴과 통합 (Robust Eng. Red X, SBT; SW validation 등)

FMEA는 시스템, 또는 컴포넌트, 해당 공정에 대한 총체적인 Failure 분석이다. 각 FMEA row(행)에 따라서는 깊이 있는 분석을 위한 다른 품질 방법론이 필요할 수 있다. 예를 들어, 강건성 평가, Red X, SW의 검증을 위한 SBT(System Behavior Testing), Tolerance Design… 등 이를 위해서 FMEA 예방관리 또는 검출관리란에 필요 방법론을 추가하여 진행해야 한다.

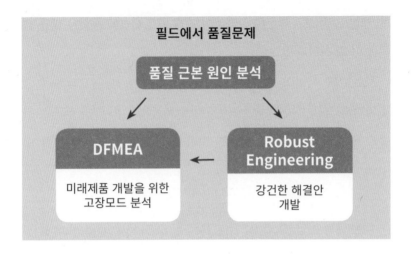

필드에서 품질문제

품질 근본 원인 분석

DFMEA
미래제품 개발을 위한
고장모드 분석

Robust
Engineering
강건한 해결안
개발

⑧ 필요한 피드백을 요청/제공 : 정보/지식을 정확하고, 효율 높게 전달(Communication Waste가 상당히 부정적 역할을 함)

개발 활동은 데이터와 정보를 가공하여 지식을 생성하고 전달하는 과정이다. 이때 팀 내 엔지니어들, 다른 조직 엔지니어들과의 정보와 지식 전달의 중요성을 강조하지 않을 수 없다.

⑨ 조치결과를 제대로, 끝까지 확인(분석, 최적화 계획으로 끝나서는 30점)

FMEA는 품질 예방 활동이므로, 조치내용과 결과(AIAG VDA FMEA 의 최적화, Optimization)는 끝까지 관리하고 확인해야 한다. 마지막으로 이전 Program과 비교하여 어느 정도 개선율을 보이는지 확인하여 FMEA의 노력의 효과가 모든 참가자, 관련자, 리더에게 전달되고 보고되어야 한다.

3. 에너지 사고: Robust Engineering

Robustness & Noise Strategy를 활용하는 방법, Robust Engineering 방법론에 대한 개요이다.

Robustness는 강건성으로 번역될 수 있는데, '다양한 운행(사용)조건하에서 일관성 있는 성능을 나타냄'을 의미한다. 다양한 운행(사용)조건이라는 의미는 여러 노이즈 인자들(Noise Factors, 외란인자)이 영향을 미쳐서 성능 산포를 일으키는 것을 말한다.

먼저, 이상기능(또는 이상함수)에 대해서 이해해야 하는데, 예를 들어, 디스크 브레이크 시스템에서 이상함수(Ideal Function)는 입력에너지(유압의 크기 또는 caliper의 이동거리)와 출력에너지(제동 토크)의 상관관계를 표현한다. 유압의 크기에 따라(또는 caliper 이동거리) 제동 토크가 선형적으로 증가한다.

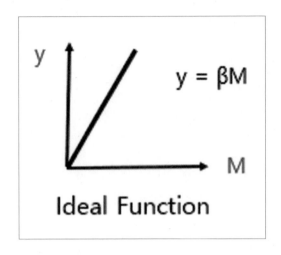

이상함수란 말 그대로 이상적인 상태, 성능(y) 산포의 영향을 미치는 Noise factor가 전혀 없는 상태에서 입력에너지(M)와 출력 에너지(y)의 관계를 나타내는 함수이다.

그러나 실제 상황에서는 성능 값(y)에 영향을 미치는(y에 산포를 초래하는) 다양한 인자들이 존재한다. 예를 들어, 고객 사용조건, 기후 환경, 주변 시스템의 영향, 내구열화(마모, 경화 등 시간에 따른 특성치의 변화), 제조 산포 등이 동일한 입력이 주어지더라도 출력 에너지 값에 산포를 만들어 낸다.

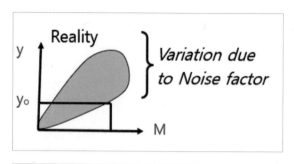

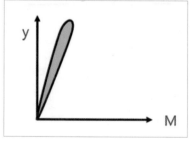

위 그림에서 확인할 수 있는 것은 Noise factors에 의해서, 출력 데이터의 산포의 크기(분모)와 단위 입력값에 따른 출력 에너지의 변화의 정도(분자)로 해당 시스템/부품의 강건성을 표현할 수 있다.(위쪽 그래프의 산포가 아래쪽의 산포보다 큼)

$$SN = 10 \times \log \frac{\beta^2}{\sigma^2}$$

강건성의 지표로 SN ratio(비)를 사용하는데, 'SN 비가 크다'는 것은 '강건성이 높다'는 의미로 분자인 기울기(β)가 크고 분모인 Noise factor의 효과인 산포(σ)가 작다는 의미를 나타내며, S/N

가 낮다는 것은 반대의 경우를 말한다.

아래 그림은 시스템의 사용 시간(mileage, new vs aged)에 따라, 시스템 내 요소들의 내구열화로 인한 성능 산포를 보여준다. 내구열화(aged)는 시스템 내부에 존재하는 Noise Factor로서 신뢰성과 매우 관계가 높은 요인이다.

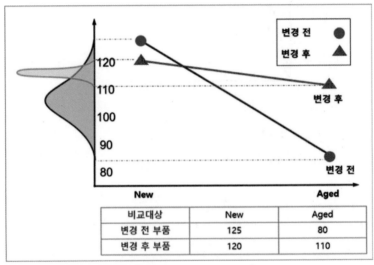

비교대상	New	Aged
변경 전 부품	125	80
변경 후 부품	120	110

출처 : General Motors DFSS 교재

위 그림에서 확인할 수 있는 것은 변경 후 제품(디자인)이 변경 전 제품(디자인)보다 성능의 일관성이 높기 때문에 더 강건한 제품(신뢰성이 더 좋은 제품)이라고 말할 수 있다. 이는 높은 S/N 비로 나타난다.

　　　　　　　　　　　　　　Golden Career

Noise Factor의 종류는 크게 세 가지 또는 다섯 가지 카테고리로 분류될 수 있다.

세 가지 범주로 분류하면.

외부 노이즈(External noise)
: 시스템 밖에서 에너지(stress)가 가해짐

내부 노이즈(Internal noise)
: 시스템 내부에서 변화가 발생(strength의 변화). 예를 들어, 시간(mileage)에 따른 시스템 내부 특성의 변화 등

제조 산포 노이즈(Part to Part noise)
: 부품 간 편차 (strength의 차이)

다섯 가지 범주로 분류하게 되면 외부 노이즈를 좀 더 상세하게 세 가지로 구분하는데, 기후 환경(온도, 수분 조건 등의 변화), 고객 사용조건의 차이(부하 조건 변화), 외부 시스템의 간섭의 크기가 된다.

성능의 산포를 일으키는 Noise 분석을 위해서는 많은 주의와 노력이 필요하다. 이는 문제 해결과 사전예방에 핵심적인 요소이다.

FMEA의 각 고장 모드의 원인을 Noise Factor 카테고리로 이

해하려고 노력해야 한다. 품질 문제해결 도구인 Red X 방법론을
이용해서 문제의 근본적인 원인을 확인한 후에 Noise factor의
각 범주로 생각해보면 유익하고 그 결과를 통해 FMEA와 새로운
설계의 강건성을 평가할 수 있는 지식(테스트 조건)을 확보할 수 있다.

FMEA Connectivity는 품질의 최종방법론/플랫폼 역할을 하며
제품, 시스템 전반에 관한 품질을 예방한다

품질 방법론의 통합에 대한 것을 간단하게 설명했다.
Robustness/Noise Strategy, Red X, FMEA의 연결, 각 방법론
은 단독으로 효과적으로 사용할 수 있고, 또한 연결하여 더 나은
품질 관련 지식을 얻을 수 있다. 아래 그림은 Noise factor를 이
해하기 위한 그래프이며, Stress Strength 모델로 불린다.

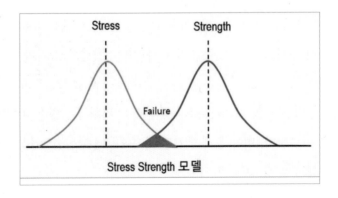

Strengh보다 Stress의 강도가 큰 경우, 고장이 발생함을 확인할 수 있다.

일반적인 품질문제(고장)는 stress 분포에서 WOW stress(우측)가 strength 분포의 WOW strength(왼쪽)보다 큰 경우에 발생한다. (WOW : Worst of Worst). 그래서 Robustness를 Stress와 Strength의 싸움(전투)이라고 표현하기도 한다.

Noise Factor는 Failure mode에 큰 영향을 미치는 요소이므로 FMEA 분석에 매우 중요하며, FMEA program을 진행할 때, Failure mode와 Noise factors의 인과관계에 집중하면 더 효과적으로 품질문제를 예방할 수 있다.

Robust Engineering 8단계를 학습하여 시스템에 적용해보기를 바란다. 상당한 수준의 지식과 통찰력을 얻게 될 것이다.

4. 창의적 사고, 제품/부품 품질문제 해결: TRIZ_ARIZ

TRIZ는 러시아 발명가 알트슐러가 수많은 특허 분석을 통해 발명의 원리를 규명한 방법론이다.(1946~) 이를 활용하면 중고등학생이나 일반인들도 얼마든지 혁신적 아이디어를 내어 훌륭한 발명을 할 수 있게 해 주는 사고 기법이다. 90년대 들어서 미국, 일본, 유럽 등에 소개되면서 활용이 본격화되었다.

우리는 아이디어와 창의성으로 승부해야 하는 경쟁 시대에 살고 있다. 그러나 불행히도 아직 많은 사람들이 창의력이란 선천적인 것이어서, 후천적 학습을 통해 증진될 수 없는 것으로 생각하고 있다. 그러나, 누구나 창의적인 사람이 될 수 있다. 창조성의 프로세스는 학습이 가능하다(Genrich Altshuller).

TRIZ의 기본 개념은, 분야와 시대를 막론하고 동일문제(모순)가 반복하여 등장하고 동일한 문제해결 유형과 원리가 반복적으로 활용된다는 점에 있으며 다음과 같이 설명할 수 있다.

"창조적 혁신과 발명에는 어떤 유형과 원리가 존재한다."
"우리가 겪고 있는 어떠한 문제도 어딘가에는 이미 해결안이 있다!"

아래는 TRIZ 모델로서 현실의 문제에서 곧바로 해결안을 얻는 것이 생각보다 쉽지 않기 때문에 먼저 문제 모델을 만들고 TRIZ가 제공하는 해결안 모델을 활용한다. 유추적 사고를 통해서 현실에 적용할 수 있는 아이디어를 얻는 것이 더 나은 해결안을 빠르게 얻을 수 있다는 의미이다. 이는 수많은 사례에서 입증되었고 지금도 활용하고 있는 모델이다.

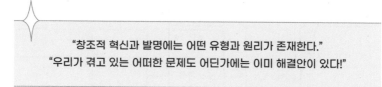

"창조적 혁신과 발명에는 어떤 유형과 원리가 존재한다."
"우리가 겪고 있는 어떠한 문제도 어딘가에는 이미 해결안이 있다!"

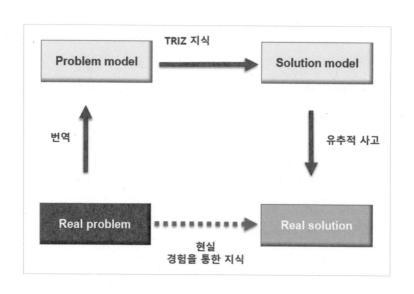

아래는 TRIZ의 Key word인 모순, 자원, 이상성에 대한 도표이다.

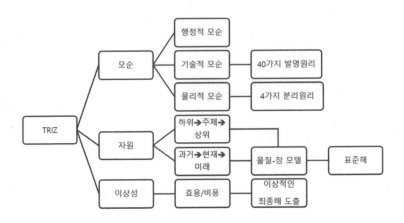

위에서 소개한 TRIZ의 기본 개념과 요소들을 프로세스로 연결하여 문제를 해결하는 알고리즘을 ARIZ라고 한다. 이는 TRIZ의 Tool을 효율적으로 활용하기 위한 Process이다. 모호하게 정의된 초기 상황을 분석 및 재정의하고 이것을 분명한 시스템 갈등 또는 물리적 모순으로 변형시켜 문제를 해결하기 위한 방법론으로 TRIZ의 대부분 개념과 세부 방법들을 담고 있다.

ARIZ의 로직은 다음과 같다.

1. 먼저 시스템의 존재 이유: 왜 시스템이 존재하는가?시스템 의 주기능을 확인한다.

2. 시스템에서 유용하거나 유해한 작용(시스템 갈등)은 무엇인가? 기능 모델링으로 분석한다.

3. 몇 가지 시스템 갈등 중 어느 것을 해결해야 하는가? 가장 가능성이 큰 시스템 갈등의 선택을 위한 규칙을 활용하여 선 택한다.

4. 선택된 시스템 갈등을 어떻게 해결할 수 있는가? 시스템 갈 등을 해결하기 위한 규칙을 제공한다.

아래 그림은 도구를 활용하지 않고 문제를 곧바로 해결하려는 것을 보여준다.

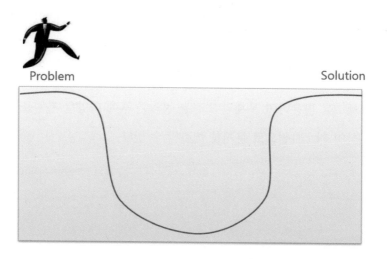

Problem   Solution

이어지는 그림은 TRIZ의 세부 방법론과 ARIZ의 프로세스를 활용하여 해결하는 이미지를 보여준다.

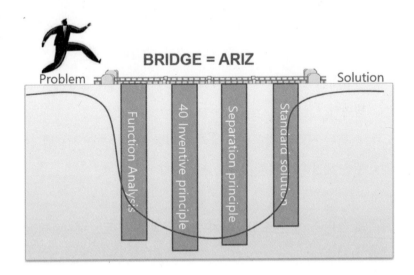

기술문제 또는 시스템 갈등이 발생했을 때, 초기 사항은 문제의 초점이 정립되지 않아서 모호하고 사용할 수 있는 자원도 매우 제한되어 보인다. 아래 그림에서 상단 부위와 같다. ARIZ 프로세스를 활용하여 문제의 초점을 정의한 후에 다양한 자원을 확인하여 최소자원으로 문제를 해결할 수 있다. (아래 그림의 하단부위)

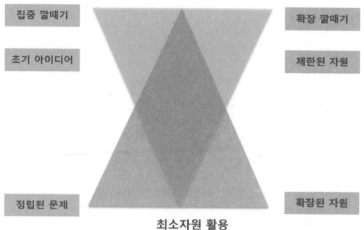

문제의 초기상황

집중 깔때기

확장 깔때기

초기 아이디어

제한된 자원

정립된 문제

확장된 자원

최소자원 활용

TRIZ의 기본요소

발명원리, 기술변수, 기술모순, 물리모순, 표준문제모델과 표준해를 먼저 배워 익숙해진 후에 나서 ARIZ 프로세스를 익혀서 활용한다면 복잡한 갈등과 모순 품질문제를 해결할 수 있다.

우리나라에서 TRIZ 사용의 문제점은 TRIZ전문가 자격증 획득과 특허를 위해서 주로 활용된다는 것이다. TRIZ는 창의적 문제 해결 방법론이라고 기억해야 한다. 자격증과 특허는 부수적인 것이다.

5. 데이터 사고-EDA(Engineering Data Analysis), Exel 함수와 데이터 분석

모든 engineer(employee)는 어떤 직무를 수행하든지 수많은 데이터를 다루게 된다.

데이터가 가지고 있는 분산, 상관성 등 필요한 여러 정보를 얻어서 대안을 선택하고 결정하며 활용하는 능력은 매우 중요하다. 데이터는 분석하기 전에는 그냥 숫자로 보이지만 목적에 맞게 분석 및 그래프로 시각화할 수 있고 예측하는 등 중요한 결정을 할 수 있다. 즉 지식이 된다.

MS 엑셀과 같은 스프레드시트 프로그램도 많은 함수와 데이터 분석 기능을 가지고 있다. 엔지니어들은 자기 업무를 위하여 필요한 함수 및 데이터 분석기능을 배워서 활용하는 것이 업무 효율성에 큰 도움이 된다.

엑셀의 가장 기본이 되는 함수는 다음과 같다.

SUM : 자동 합계를 하는 함수
AVERAGE : 평균을 구하는 함수
STDEV : 표준편차를 구하는 함수
MOD : 빈도가 가장 높은 숫자를 구하는 함수
MAX, MIN : 최댓값, 최솟값을 내는 함수
COUNT : 내용이 있는 셀의 개수를 알려주는 함수
VLOOKUP, HLOOKUP : 전체 데이터에서 원하는 데이터를
가져오는 함수

또한 데이터의 시각화를 위하여 다양한 그래프로 표현할 수 있다. '삽입' 탭에 있는 차트에는 막대그래프, 분산형, 원형, 방사형 등 시각화 차트가 있어서 데이터를 요약하고 분석하는 데 도움이 된다.

엑셀 옵션에 있는 추가기능에는 분석 도구 메뉴가 있다. 이를 활용하면 다양한 데이터 분석을 할 수 있다. 히스토그램과 파레토 분석, 상관분석, 회귀분석, T 검정, 분산분석 등 자주 사용할 수 있는 데이터 분석 툴을 가지고 있다.

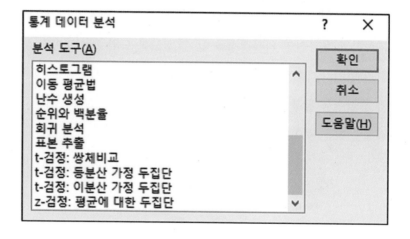

나는 다양한 통계교육을 회사와 대학에서 수강할 수 있는 특혜를 누렸다. 새로운 지식을 학습하는 것을 좋아하는 편이어서, 기뻤다. 그런데 배운 후에 어떻게 내 업무에 적용할 수 있지? 라는 의문이 들곤했다. 너무 복잡한 통계 절차와 전제(가정)가 있었기 때문에 엔지니어들이 사용하기에는 매우 어렵다. 그래서 현대차 품질 전문가들과 함께 EDA라는 통계적 사고를 활용한 데이터 분석 과정을 개발했다.

EDA는 통계적 방법론을 사용하되, 꼬리에 꼬리를 무는 전제와 가정의 상당 부분을 생략하고 활용에 방점을 찍는 도구이다. 통계학 전문가들에게는 파격을 넘어 이단아로 불릴 수 있는 담대한 시도였다.

EDA의 정의는 모든 엔지니어링/Biz 프로세스 분야에서 사용되는 데이터(숫자/문자 데이터)들을 실용통계를 활용하여 효율적으로 분석하고 효과적인 의사결정을 할 수 있도록 도와주는 데이터 분석 방법이다. EDA는 통계적 사고 및 데이터 분석으로 얻은 정보와 통찰력을 활용하여 Engineering /Biz Process 업무에서 의사결정을 하는 것이다.

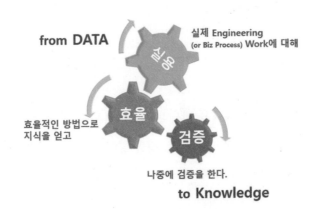

통계 이론보다는 통계의 활용에 초점을 맞추며, 수학적 증명보다는 실제 사례를 이용한 활동형 팀 실습을 진행하고 Excel과 Minitab을 이용한 데이터 분석 능력을 개발하는 것이 EDA의 교육목적이다.

아래와 같은 EDA의 이점이 있다.

- 데이터 속에 숨겨져 있는 중요한 정보들을 볼 수 있는 통찰력 향상
- 실용적인 데이터 분석 능력 개발
- 상용 통계 분석 software (MINITAB, EXCEL) 사용 능력 개발

통계란 복잡한 데이터를 아주 간단하게 표현하는 것과 단순 data 자료에서 의미 있는 정보를 추출하는 것을 의미한다. 통계의 목적은 세 가지로 분류할 수 있다.

첫째는 표본 데이터를 분석하여 의미를 이해/부여하고, 데이터의 시각화(표, 그래프)를 통해 현재 현황을 분석한다(모집단 특성에 대한 신뢰성 있는 추정치를 제공). 다른 하나는 미래 상황에 대한 신뢰성 있는 예측값을 제공하는 것이다.

EDA에서 가장 기본은 데이터의 중심 위치 척도로서의 평균, 중앙값, 최빈값을 구하는 것이다. 산포의 척도로서의 변동량, 분

산과 표준편차, 범위, 사분위 범위 등을 구하는 것, 그리고 데이터의 분포를 시각적으로 표현하는 히스토그램, 상자 그림(Box plot), 산점도(Scatter plot) 및 범주형 그래프로서의 파이 차트 등으로 표현하는 것이다.

> **통계란 복잡한 데이터를 아주 간단하게 표현하는 것과**
> **단순 data 자료에서 의미 있는 정보를 추출하는 것을 의미한다.**

다음 단계로는 샘플 데이터 수로 모수를 분석하기 위하여 수학적 모델, 확률 분포를 활용한다. 자주 사용되는 확률분포는 정규분포, z분포(표준정규분포), t분포 등이며, 이산형 데이터를 분석하기 위해서 이항분포 등을 사용한다. 여기에 모수의 평균값을 추정하기 위한 점 추정과 구간추정 등이 있다.

현장업무에서 자주 사용하는 가설검정은 모집단 '모수'에 대한 어떤 가정이나 증명되지 않은 사실 즉 가설(hypothesis)에 대해 이를 받아들일 것인지(accept) 혹은 기각(reject)할 것인지를 표본으로부터 얻을 정보를 바탕으로 검정(test)할 수 있다. 가설검정의 하위 항목으로는 대표적으로 상관과 회귀분석 등이 있다.

이 밖에도 측정시스템 분석과 공정능력 분석 및 심화 과정으로 다변량 분석이 존재하지만, 위에서 언급한 기본 EDA 방법론을 배워서 활용하면 업무에서 상당한 효과와 효율성을 얻게 될 것이다.

생각하고 토론할 주제

1   3부 4장에서 소개하고 있는 주요 품질 문제 예방과 문제해결 방법론 중에서 당신에게 필요한 방법론은 어떤 것들이 있는가? 왜 그런가?

2   제품, 부품 품질문제의 해결이 잘 되지 않아서 어려웠던 경험을 한 적이 있는가? 어떤 문제였는가?

3   사전 품질 문제 예방이 중요하다고 생각하는가? 왜 그런가?

4   당신은 FMEA를 사용해 본 적이 있는가? 투자한 시간 대비 예방효과를 얻었는가? 그렇지 못했다면 왜 그렇다고 생각하는가?

생각하고 토론할 주제

5 강건설계(Robust Engineering)를 들어보거나 사용한 적이 있는가? 있다면 이 방법의 가장 큰 유익은 무엇인가?

6 창의적 문제 해결방법인 TRIZ, ARIZ를 사용해 본 적이 있는가? 있다면 방법론에 대한 당신의 생각은?

7 당신의 업무에서 데이터 분석의 필요성을 느끼고 있는가? 어떤 이유인가?

MEMO

나는 학교와 직장생활을 하는 동안 성적과 성과의 부침이 상당
했었다. 중고등학교 시절에 낙제가 없어서 망정이지…. 중학교 3
학년 1학기가 시작되자 고등학교 진로를 결정하기 위해서 담임
선생님과 상담을 한 적이 있었다.

"너의 성적으로는 인문계를 갈 수 없다. 부모님을 모시고 와
라…."

나로 인해 상당한 충격을 받으셨을 부모님께 많이 죄송했다.

고등학교 2학기 말에도 비슷한 상황이 발생했다. 입학 점수가
상대적으로 낮은 대학에 입학할 수 없는 수준이라는 이야기를 듣
고 스스로를 원망했다. 왜 이런 일이 반복되는 것일까? 인문계
입학, 대학 입학, 취업이라는 중요한 관문(또는 이슈)이 나 스스로를

곤란에 빠트렸을 때, 나 스스로가 문제의 주체가 되었을 때, 놀라운 에너지와 열정이 내 가슴속에 차올랐다. 그리고 변화를 위한 큰 동력이 되었다.

나는 비록 많은 시간을 소모하면서 삶의 길을 걸어왔지만, 젊은 엔지니어들은 그런 실수와 시간 낭비를 하지 않았으면 한다. 현대자동차라는 좋은 회사에 취업한 후에도 동일한 패턴이 반복되었다. 어떤 계기로 인해 엔지니어와 품질전문가로서 나의 역할과 미션에 대해서 깊이 생각하고 동료들과 토론을 시작한 이후부터는 내 삶에 그런 낭비는 더 이상 없었다. 그렇게 살다 보니 외국계 회사에서 팀장으로 일해달라는 제안을 받았다. 젊은 엔지니어들, 그리고 그들을 케어하는 리더들에게 내가 오랫동안 실수하며 얻었던, 값비싼 교훈을 진솔하게 전하고 싶었다. 이 책을 쓰게 된 이유이자 동기다.

Taguchi method의 권위자인 Shin Taguchi 선생님이 내게 다가와서 진지하게 질문을 했었다. 그때 나는 현대자동차에서 품질 전문가로 꽤 성실하게 일하고 있었다. "Are you a good engineer?" 가끔 되새겨보는 질문이다.

당연한 이야기이지만, 탁월한 엔지니어와 전문가는 태어날 때부터 정해지지 않는다. 현재 맡은 업무와 자신에게 주어진 역할

을 자신의 미션(mission)으로 생각하는 시점부터 의미 있는 변화
는 시작된다. 생각은 태도의 변화를 가져오고 태도의 변화는 조
직내에서 긍정적 관계와 업무 성과를 가져온다. 이에 대한 생각
을 하나씩 요약했다.

자신의 직무정체성과 커리어패스를 생각해보고 해당 분야에
서 독특한 Personal Brand를 만들려는 목표를 세우고 한 걸음씩
나아가기를 바란다. 개인의 발전을 위한 진실의 순간(moment of
truth)으로 판명될 것이다. 매 순간이 커리어 포트폴리오에 쌓이게
되고, 하고 있는 일의 의미를 이해하고 보람을 느끼게 된다. 이어
서 자율성을 보장받는 선순환이 반복되어 미래에 탁월한 전문가
로 우뚝 서게 된다.

커뮤니케이션의 중요성을 알고, 자기중심으로만 업무를 바로
보는 것이 아니라 조직과 회사 전반의 목표를 이해할 수 있어야
하며, 한국 엔지니어들의 최대 약점인 논리적 사고를 개발해야
한다. GM에 근무하며 아프게 느꼈던 약점이다. 논리적 사고는
쉽게 개발되지 않기에 이를 위한 효과적인 방법론들을 소개했다.
다양한 분야의 엔지니어들과 직업인들이 이 책을 읽고 도움이 되
기를 간절히 바란다.

얼마 전에 다음과 같은 신문기사를 읽은 적이 있다.

"韓에 역전당한 日, 한국을 따라 해야 미래 있다"

- 美 전문가의 조언 / 서울신문 22년 3월 8일자

기사의 요지는 1인당 GDP는 한국이 일본을 추월했고 한국은 30년간 임금 2배가 뛰었지만, 일본은 제자리이며 기업의 디지털 기술 활용도 한국 25위, 일본 58위로 한국이 일본을 앞서고 있다는 것이다. 그렇다. 우리나라는 여러 부문에서 과거와 비교할 수 없이 경쟁력이 좋아졌다. 그런데 제조기술에서는 어떠한가? 서문에서 이야기했듯이 1위 수출품목의 항목 수에서 여전히 우리는 일본의 절반에도 미치지 못하고 있다.

업무 효율성은 어떠한가? 상당히 미흡한 수준이다. 우리 개개인이 창의적 사고와 논리적 사고를 통한 소통능력을 제고해야 한다. 업무 효율성 향상을 위한 여러 가지 방법들을 익혀서 사용한다면, 더 나아가 회사 전체 최적화(Company wide optimization)라는 공통목표를 가지고 팀워크를 발휘한다면 수년 또는 십 년 이내에 제조강국 대한민국이 될 수 있다고 나는 믿는다.

아무쪼록 이 책이 엔지니어(직업인)와 리더들에게 도움이 되고 통찰력을 줄 수 있기를 소원한다.

일 잘하는 직장인, 뛰어난 커리어의 사회인이 되게 해주는 과학적 방법론

권선복 | 도서출판 행복에너지 대표이사

　직장인이라면, 더 나아가 사회생활을 하는 모든 사람이라면 누구든 꼭 듣고 싶은 말이 "저 사람은 일을 참 잘한다"라는 평가일 것입니다. 일을 잘한다는 것은 무엇을 의미할까요? 복합적이고 어려운 개념으로 여겨지고, 소위 눈치껏 익혀 나가야 하는 것으로 인식되면서 사회생활을 막 시작한 사람들을 힘들게 합니다. 약 80%의 사람들이 타성에 젖어 무미건조하게 직장생활을 하고 있습니다.

　현대자동차 승용차설계부, 연구개발본부 품질부문, 한국GM연구소 품질팀장 등의 커리어패스 이후 현재는 제품품질과 프로세스 분석 전문가로 활동 중인 칩스퀘어 코칭 김현성 대표는 '일을 잘한다'는 개념을 객관적으로 정립하여 개발과 훈련이 가능하다는 신념을 이야기합니다.

개인의 평범한 커리어를 Golden Career로 만들고, 동시에 소속해 있는 조직에는 뛰어난 성과를 가져다 줄 수 있는 방법론을 이 책 『골든 커리어』에서 강조합니다.

커리어 패스를 자신이 원하는 방향으로 발전시키기 위해서는 무엇보다 '일을 잘하는' 능력이 필수라고 할 수 있습니다. 김현성 저자는 '일을 잘할 수 있는 법'의 정의로 첫째, 기초 질서를 포함한 직무 본질에 철저해야 하며, 둘째, 논리적인 사고를 통해 소통에 능숙해야 하며, 셋째, 업무 효율성을 높일 수 있는 방법론을 배워서 능숙하게 다룰 수 있어야 한다고 이야기합니다.

이 책은 커리어 패스의 기본을 구성하는 개인의 직무 정체성을 확인하고 퍼스널 브랜드(Personal Brand)를 계획하는 법에 대해서 제안합니다.

이어서 논리적 사고력과 소통 능력을 키울 수 있는 TOC Thinking Process 방법론을 이야기합니다. 기획력과 창의적 사고, 프로세스와 품질문제의 시각화, 품질문제 예방과 해결을 돕는 과학적 방법론을 설명합니다.

'일 잘하는 직장인', 자신만의 '독특한 커리어 패스를 구축할 수 있는 직장인'이 되는 법을 현실의 경험에 근거하여 제시해주고 있습니다. 이 책을 통해 독자들이 자신의 커리어패스를 생각하고 '골든 커리어 패스'로 변화시키는 터닝 포인트가 되길 기대하고 소망합니다!

MEMO   DATE   .   .

'행복에너지'의 해피 대한민국 프로젝트!
〈모교 책 보내기 운동〉

대한민국의 뿌리, 대한민국의 미래 **청소년·청년**들에게 **책**을 보내주세요.

많은 학교의 도서관이 가난해지고 있습니다. 그만큼 많은 학생들의 마음 또한 가난해지고 있습니다. 학교 도서관에는 색이 바래고 찢어진 책들이 나뒹굽니다. 더럽고 먼지만 앉은 책을 과연 누가 읽고 싶어 할까요? 게임과 스마트폰에 중독된 초·중고생들. 입시의 문턱 앞에서 문제집에만 매달리는 고등학생들. 험난한 취업 준비에 책 읽을 시간조차 없는 대학생들. 아무런 꿈도 없이 정해진 길을 따라서만 가는 젊은이들이 과연 대한민국을 이끌 수 있을까요?

한 권의 책은 한 사람의 인생을 바꾸는 힘을 가지고 있습니다. 한 사람의 인생이 바뀌면 한 나라의 국운이 바뀝니다. **저희 행복에너지에서는 베스트셀러와 각종 기관에서 우수도서로 선정된 도서를 중심으로 〈모교 책 보내기 운동〉을 펼치고 있습니다.** 대한민국의 미래, 젊은이들에게 좋은 책을 보내주십시오. 독자 여러분의 자랑스러운 모교에 보내진 한 권의 책은 더 크게 성장할 대한민국의 발판이 될 것입니다.

도서출판 행복에너지를 성원해주시는 독자 여러분의 많은 관심과 참여 부탁드리겠습니다.

도서출판 **행복에너지** 임직원 일동